SANIDAD
Del
CIELO

Nahum Rosario

SANIDAD Del CIELO

Un libro de estudio sobre el glorioso Pacto de Sanidad que Dios ha hecho con los hombres.

Publicaciones Maranatha
Chicago, IL 60639

A menos que se indique lo contrario, todas las Citas Bíblicas fueron tomadas de la Santa Biblia, Reina Valera, Revisión 1960.

SANIDAD DEL CIELO
Publicado por:
Publicaciones Maranatha
4301 W. Diversey Avenue
Chicago, IL 60639 U.S.A.
www.maranathachicago.com
Teléfono (773) 384-7717
ISBN 1-930115-01-6

Primera Edición — Julio de 2000

Impreso en los Estados Unidos de América

Dedicatoria a un General

Cuando terminé de escribir este libro pensé mucho para dedicárselo a alguien del pueblo hispano, que haya sido verdaderamente usado por Dios sanando los enfermos por todo el mundo. Con esta dedicatoria no es mi intención excluir los ungidos y consagrados ministros de Jesucristo en todo el mundo, que están dedicados tanto a la sanidad espiritual como a la sanidad física de los hombres.

Hay un hombre que siempre he respetado profundamente en su dedicación a sanar los enfermos. Admiro cómo el evangelista Yiye Ávila ha dado lo mejor de su vida para llevar este mensaje, sea por medio de campañas masivas, la página impresa, o a través de los medios de radio y televisión. Siempre lo ha hecho con denuedo, sin negociar lo que la Biblia dice sobre la sanidad divina.

En 25 años de ministerio he notado que son pocos los hombres que mantienen su santidad, integridad y humildad a través de los años al ser usados por Dios. Quiero imitar el ejemplo de este siervo de Dios que nunca ha usado la unción de Dios con fin de lucro o con fines de engrandecimiento personal.

"Compañero Yiye, que Dios te conceda muchos años más de vida para seguir proclamando esta poderosa verdad. Te visualizo en cada campaña con el brazo extendido diciendo: Y por su llaga fuimos curados."

Contenido

Introducción

¿Por qué hay tanta enfermedad en el mundo? ¿Si Dios es un Dios bueno, por qué no sana a todo el mundo de una vez? ¿Por qué hay tantos cristianos enfermos, si son gente buena y le están sirviendo a Dios con santidad y devoción? ¿Si Jesús me sanó en la cruz, por qué aún sigo sufriendo con esta enfermedad? ¿Por qué tantos evangelistas de sanidad han orado por mí y aún continúo enfermo? ¿Por qué algunas iglesias creen y practican el orar por los enfermos, y otras, no solo no lo practican; sino que combaten a aquellas que lo hacen?

Estas y otras muchas preguntas son hechas no solamente por los críticos de la sanidad divina, sino también por millares de creyentes que no tienen una base firme de lo que dice la Palabra de Dios para enfrentarse a estas interrogantes sobre la enfermedad.

¿Cómo nos enfrentamos a estas interrogantes? ¿Por medio de discusiones infructíferas que nunca han ayudado a nadie a recibir su sanidad? Considero que no es práctico entrar en argumentos sobre el tema de la sanidad, a menos que la otra persona esté dispuesta a usar solamente la Biblia como la única autoridad en este asunto.

Mi propósito en este tratado sobre sanidad divina no es usar experiencias que apoyan o atacan el tema de la sanidad, mi prepósito es buscar la verdad en las páginas del único libro que tiene todas las respuestas para todas las preguntas habidas y por haber sobre cualquier tema de la problemática del ser humano.

Cuando veo aun dentro de la iglesia, tantas actitudes erróneas sobre la sanidad divina; no tengo otra alternativa que llegar a la conclusión que Satanás ha cegado el entendimiento de millares de creyentes, para impedir que ellos reciban los beneficios de la sanidad del cuerpo. Oro a Dios que este libro pueda ser de ayuda para sacar a tantos de la ignorancia religiosa, y traerlos a la revelación poderosa de la Palabra de Dios.

Este ha sido uno de los libros que he escrito con más cuidado. Me tomó un espacio de casi tres años para concluirlo. He tratado de evitar todo sensacionalismo y todo tipo de conjeturas, y me dediqué exclusivamente a estudiar lo que la Palabra de Dios enseña pobre esta gloriosa verdad de la sanidad divina. Estoy al tanto que una de las razones por las cuales el misterio de sanidad ha sido tan atacado, es por la falta de integridad en oportunistas y charlatanes que han usado esta divina bendición con fines de lucro o con fines de engrandecimiento personal.

Creo que con la finalización de este manuscrito he cumplido mi responsabilidad apostólica de traer orden, claridad, y fundamento a la iglesia de Jesucristo sobre algo tan importante como lo es la sanidad divina. Quiero expresar mi agradecimiento a todos los hombres de Dios que a pesar de la persecución, y las malas interpretaciones se mantuvieron firmes enseñando y practicando esta gloriosa gracia de bendición a través de las edades de la iglesia.

Algo que siempre me ha mantenido a mí firme en la proclamación de las verdades fundamentales de las Sagradas Escrituras, es saber que la verdad de Dios siempre prevalece en contra del error y la oposición.

Soy un fervoroso creyente de lo que dijo otro apóstol de otra época: *"Porque nada podemos contra la verdad, sino por la verdad"* (2 Corintios 13:8). La verdad de que Jesús quiere sanar a todos prevalecerá, y el Espíritu Santo seguirá levantando hombres y mujeres que seguirán poniendo sus manos sobre los enfermos, y sanarán.

Gracia y Paz del Señor Jesucristo,
Chicago IL USA

SANIDAD Del CIELO

Capítulo 1

¿QUÉ ANUNCIO VAS A CREER?

¿Cuál es la verdad sobre la sanidad divina? ¿La verdad relativa de los hombres, o la verdad absoluta de Dios? La única verdad que nos hace libres es la que encontramos en la infalible y eterna Palabra de Dios. Todo otro razonamiento humano por fuerza tiene que sujetarse a lo que Dios ha establecido en las Sagradas Escrituras. Por eso Jesús nos dijo: "Si vosotros permaneciereis en mi Palabra, seréis verdaderamente mis discípulos; y conoceréis la verdad, y la verdad os hará libres" (Juan 8:31,32).

La sanidad divina ha sido una de las doctrinas más controversiales en la iglesia a través de los años. Es una tragedia que Satanás ha tenido éxito en confundir a un gran segmento del cristianismo acerca de una de las gloriosas bendiciones que Dios ha provisto para la raza humana.

Sería de esperarse que toda iglesia, y cada predicador que dice que cree en la inspiración total de las Escrituras, aceptara todo lo que dice la Biblia sobre esta gloriosa verdad. ¿Por qué esto no es así? Me he preguntado muchas veces ¿por qué algo que tiene el solo propósito de bendecir y ayudar a los hombres, es

1

atacado en ciertos sectores, ridiculizado en otros, y aun ignorado por muchos como un asunto superficial?

El enemigo número uno de la sanidad no es tanto el diablo, sino la tradición religiosa que ha pasado de generación en generación. No hay tradición más difícil de cambiar que aquella que ha nacido en el seno de la religión organizada. Por su carácter supuestamente espiritual, las tradiciones religiosas se afierran a los hombres de cierta forma; que muchas veces se prefiere echar a un lado la Palabra de Dios antes que cambiar la tradición que se ha transmitido de los antepasados.

Confrontando la Tradición

"Porque dejando el mandamiento de Dios, os aferráis a los mandamientos de los hombres."

Marcos 7:8

Una de las tradiciones más difíciles de sacar de la mente de millares de cristianos es aquella que por siglos y siglos ha mantenido a la iglesia en ignorancia sobre el verdadero carácter de la enfermedad. Aun hoy en día es muy común escuchar sermones que glorifican la enfermedad como si la misma fuera una bendición de Dios. En otros casos se habla de la enfermedad como un instrumento santificador y purificador de Dios

Antes de poder convencer a la gente sobre la realidad de la sanidad, tenemos que destruir toda altivez y razonamiento que se levanta contra el conocimiento de Dios. No hay duda que Satanás ha logrado levantar en las mentes de tantos cristianos, tantos razonamientos que le impiden recibir su sanidad. Antes de poder edificar un edificio es necesario destruir toda estructura vieja que esté

2

ocupando ese lugar. Es una pena que los ministros que creemos que es la voluntad de Dios sanar, tengamos que gastar tanto tiempo combatiendo las tradiciones de los hombres, antes de poder orar por la sanidad de los enfermos.

Estoy seguro que la mayor parte de mis lectores están al tanto de la gama de ideas equivocadas que hay en el cristianismo sobre el tema de este libro. Lo que más me duele es que la mayoría de esas ideas no han surgido en el mundo secular; sino que han sido auspiciadas y enseñadas por maestros y teólogos, quienes supuestamente dicen que creen en la infalibilidad de las Escrituras.

No es mi intención ser diplomático en un asunto que para muchos es cuestión de vida o muerte. Estamos tratando con una verdad que es de suma importancia para la iglesia. No podemos permitir que las enseñanzas y los mandamientos de los hombres mantengan a las multitudes en ignorancia sobre muchas de las provisiones que Dios ha hecho para bendecir a sus hijos.

Al fin de cuentas cada creyente tiene que hacer una decisión sobre qué anuncio va a creer, el anuncio de los hombres o el anuncio de Dios. Amigo lector, solo te ruego que abras tu corazón al Espíritu Santo y permitas que El te guíe a toda verdad.

La Tradición Invalida la Palabra

"Les decía también: Bien invalidáis el mandamiento de Dios para guardar vuestra tradición."

Marcos 7:9

Jesús como todo innovador, tuvo que enfrentarse en su ministerio a la tradición del sistema religioso de su tiempo. He observado leyendo cuidadosamente los cuatro evangelios, que Jesús nunca vaciló en confrontar los escribas y fariseos, que habían esclavizado las mentes de los hombres con sus tradiciones y mandamientos de hombres. Por eso no debemos tener temor a confrontar el mismo espíritu fariseo que impide que los hombres reciban hoy todas las bendiciones que Dios ha provisto para ellos.

La acusación que Jesús les hizo a los fariseos no fue algo simple. Jesús los acusó de ser responsables de invalidar la Palabra de Dios por medio de la tradición que habían transmitido a través de los años. No hay lugar a dudas que los maestros del tiempo de Jesús estaban sinceramente convencidos que lo que enseñaban era la doctrina de Dios. Por eso Jesús les dijo que estaban *enseñando como doctrinas mandamientos de hombres* (Marcos 7:7).

¡Imagínate cual sería la reacción de los escribas y fariseos cuando Jesús los confrontó de esta manera! Si Jesús estuviera ahora aquí en la tierra; te aseguro que Él no tendría reparos en hacer lo mismo con los maestros modernos que están tan aferrados a la tradición de su iglesia o denominación, que no pueden o no quieren ver la verdad de la Palabra de Dios en el área de la sanidad.

¿Cómo surgen las tradiciones? La mayoría de las tradiciones que tienen que ver con la enfermedad y la sanidad han surgido de la experiencia, o de la falta de experiencia que han tenido algunos. Una tradición puede también ser el resultado de no tener una explicación lógica para explicar una situación. La explicación prejuiciada de ciertos maestros se convierte en una tradición que es luego pasada de generación en generación como si fuera una verdad. Esto explica porque en la Iglesia Católica la tradición de los padres se ha elevado al mismo nivel de la revelación de la Biblia.

He notado que todos los que atacan el mensaje de sanidad, nunca han sido usados para sanar a nadie o no han tenido una experiencia de sanidad en su cuerpo. Sus opiniones sobre la sanidad son el producto de sus prejuicios, de sus tradiciones o de lo que oyeron de segunda mano. Casi siempre se usan los ejemplos de personas que por alguna razón no fueron sanadas, o se ataca el mensaje de sanidad por la falta de integridad que puede haber en algunos que lo practican. Es interesante que nunca he oído a nadie atacar el mensaje de salvación usando como ejemplos los que no se salvan, o los predicadores que han abusado su oficio.

La Única Base de Autoridad

Todo estudiante serio y honesto de la Palabra de Dios debe hacer una decisión de aceptar lo que la Biblia dice sobre cualquier tema. No debemos permitir que ninguna interpretación particular, o ninguna tradición tome el lugar de la Palabra de Dios. Es esto lo que invalida la Palabra de Dios. No esperes recibir un milagro de sanidad en tu cuerpo, si tienes tu mente atestada de tradiciones que contradicen lo que Dios ha dicho en su Palabra.

Yo no puedo entender como teólogos e instituciones religiosas que escriben volúmenes sobre la infalibilidad de las Escrituras; a la misma vez, escogen creer y enseñar lo que la tradición religiosa dice sobre la sanidad divina antes que lo que Dios claramente ha establecido en la Palabra.

No es necesario ser un experto en los idiomas Griego y Hebreo para entender las verdades claves de la Biblia. Creo que los traductores han hecho un excelente trabajo traduciendo la Biblia al idioma del pueblo. Yo no quiero encontrarme en la situación de los maestros del tiempo de Jesús. Nunca permitamos que la tradición invalide la Palabra de Dios.

La única base de autoridad para nuestra fe y práctica debe ser la Palabra de Dios. No debe ser la opinión prejuiciada de un individuo, ni la experiencia que contradice la Palabra de Dios. Equivale a deshonestidad intelectual y teológica decir por un lado que creemos las Escrituras de tapa a tapa; y luego llegar a negar y a atacar ciertas doctrinas básicas de la Biblia, como lo son la sanidad divina y los dones del Espíritu santo.

Aun en mi propia experiencia me he dado cuenta que antes de poder recibir las bendiciones de Dios, tuve que hacer una decisión de echar al cesto de la basura toda tradición que contradice la Biblia. Yo he decido creer la Palabra de Dios, aun cuando haya situaciones o experiencias que la contradigan. No importa lo que alguien me diga sobre mi situación; yo quiero saber qué es lo que Dios dice. Si alguien no quiere creer, ese es su problema. Dios siempre seguirá siendo fiel. He decidido asumir la posición de Pablo:

"¿Pues qué, si algunos de ellos han sido incrédulos? ¿Su incredulidad habrá hecho nula la fidelidad de Dios? De ninguna manera; antes bien sea Dios veraz, y todo hombre mentiroso."

Romanos 3:3,4

Tradiciones Sobre la Enfermedad

Es mi intención compartir contigo las diez principales tradiciones que impiden que la gente acepte la verdad de Dios sobre la sanidad y la enfermedad. Estoy consciente que voy a tocar las sensibilidades de muchas personas que han aceptado muchas de estas ideas como si fuera la misma Palabra de Dios. Es una tendencia natural en todo ser humano a reaccionar negativa y a veces hostilmente cuando sentimos que algo amenaza lo que hemos creído por toda una vida.

Todo cambio produce cierta medida de dolor, porque nos saca de la posición de comodidad, donde nos sentimos seguros. Querido lector, mi propósito no es atacarte, sino darte la luz de la Palabra, la cual siempre nos hace libres. Muchas de estas tradiciones eran parte de mi sistema teológico. No fue hasta que liberé mi mente de estas tradiciones, que empecé a disfrutar la sanidad en mi propio cuerpo.

Ninguna de las tradiciones que voy a mencionar en lo que sigue del capítulo tiene su origen en la Palabra de Dios. Aun aquellas que aparentemente han surgido de las Escrituras, cuando las examinamos meticulosamente, nos damos cuenta que son el resultado de la ignorancia de lo que en sí la Biblia dice; o son las interpretaciones prejuiciadas de maestros que tienen apariencia de piedad, pero niegan la eficacia de ella (2 Timoteo 3:5).

1 — La Enfermedad es la Voluntad de Dios.

"Como el padre se compadece de los hijos, se compadece Jehová de los que le temen."

Salmo 103:13

"Toda buena dádiva y todo don perfecto desciende de lo alto, del Padre de las luces, en el cual no hay mudanza, ni sombra de variación."

Santiago 1:17

7

Una de las principales revelaciones de la Biblia es que Dios es un Dios de amor y misericordia. Si entendemos bien esta parte del carácter de Dios, no podemos imaginarnos un Dios que se complazca en poner enfermedades en sus hijos. En primer lugar, Dios no es el autor de la enfermedad porque Él es el autor de la vida.

Podemos definir la enfermedad como el principio del proceso de muerte. Dios es la vida absoluta y en Él no cabe el proceso destructor de la enfermedad. La enseñanza de que la enfermedad sea de alguna forma u otra la voluntad de Dios contradice la esencia del carácter de Dios. La Biblia llama a Dios el Padre de las luces, quien se complace en bendecir a sus hijos, dándoles buenas cosas y dones perfectos.

Si observamos con detenimiento el estrago que la enfermedad causa en la raza humana, tenemos por obligación que concluir que algo tan dañino y destructor como lo es la enfermedad no puede venir de un Padre bueno. La bondad de Dios es tan perfecta, que la Biblia dice que en Él no existe ni una sombra de variación.

Cuando yo entendí la gloriosa revelación, que Dios es un Padre compasivo; no pude ya más aceptar que fuera su voluntad poner enfermedad en sus hijos. ¿Qué padre humano disfruta ver a sus hijos sufriendo un cáncer que le consume sus pulmones y que le corta su vida antes de llegar ni a la mitad de sus días? Todavía recuerdo cómo yo sufría cuando tuve que pasar noches enteras luchando en contra de la enfermedad en mis niños. Hubiera preferido estar yo enfermo antes que ellos.

Cada vez que asisto a un funeral de un niño o de un joven, y oigo al ministro oficiante decir que

Dios se lo llevó al cielo con un propósito; me indigno en mi espíritu, porque ese no es el Dios que Jesús vino a revelar cuando Él vino a la tierra. Hablándole a las multitudes de ese Dios bueno y compasivo, Jesús les dijo:

"Pues si vosotros siendo malos, sabéis dar buenas dádivas a vuestros hijos, ¿cuánto más vuestro Padre que está en los cielos dará buenas cosas a los que le pidan?"

Mateo 7:11

2 — "Dios Me Está Perfeccionando."

"Santifícalos en tu verdad; tu Palabra es la verdad."

Juan 17:17

No hay un verso en la Biblia que nos diga que el creyente es perfeccionado en su caminar cristiano por medio de la enfermedad o el sufrimiento. La perfección del creyente viene en dos formas; primero, cuando éste deja que la vida de Jesús tome total control de todo su ser; y segundo, cuando el creyente permite que el Espíritu Santo implante la simiente de la Palabra en su corazón. Podemos decir que hay tres ingredientes fundamentales para la perfección del creyente: la vida de resurrección de Jesús, el Espíritu Santo y la Palabra.

Posiblemente esta tradición surgió de la experiencia que tuvo una persona enferma. No negamos que cuando estamos enfermos es un buen tiempo para examinarnos y ver en qué área le estamos fallando a Dios. La persona que hace esto, y tiene un cambio radical en su vida espiritual; no debe decir que fue la enfermedad lo que lo acercó más a Dios, fue su cambio de actitud por razón de la enfermedad.

A veces oímos personas decir que Dios le enseñó algo cuando estaban enfermos. Posiblemente esa era la única oportunidad que Dios tenía para captar su atención. Si estas mismas personas le hubieran prestado atención a la Palabra de Dios en primer lugar, quizás no estuvieran enfermas. Claro, como Dios es un Dios bueno, Él no va desaprovechar ninguna oportunidad para enseñarnos y ayudarnos en nuestro caminar cristiano.

La enfermedad por sí sola no tiene ningún poder redentor. ¿Cuántos creyentes enfermos, están llenos de amarguras hacia Dios y hacia todo el mundo, por su condición? La idea de que la enfermedad nos santifica o perfecciona, no tiene sus orígenes en la fe cristiana; sino en las religiones paganas que presentan a un dios que nos hace sufrir para así ser perfeccionado y poder agradarle. ¿Aceptarás la Palabra de Dios o la tradición de los hombres?

3 — ¿Pero, No es Normal Enfermarse?

Es una mentira inspirada en el mismo infierno la que convence a los hombres que es normal enfermarse porque somos seres humanos. La verdad del caso es que el hombre no fue creado por Dios para enfermarse. Solo con la aparición del pecado fue que entró la enfermedad a este mundo. Desde el punto de vista de Dios y su propósito para el hombre, lo normal es estar sano y disfrutar de una larga vida.

Adán no padecía de cáncer y Eva no tenía problemas con sus ovarios. El cuerpo de ambos funcionaba perfectamente bien, como consecuencia de la vida de Dios que habían recibido. Esta vida era tan poderosa, que pudo sostener a Adán por 930 años antes de morir. Y esto sucedió aun después que pecó contra Dios.

La enfermedad es una anomalía en el cuerpo humano, porque el cuerpo humano no fue creado ni para morir ni para enfermarse. Debemos ver la enfermedad como nuestra enemiga y debemos resistirla con todas las fuerzas de nuestro ser. La Biblia dice que como el hombre piensa en su corazón, así es él. Si pensamos que es normal enfermarnos, nos resignaremos a sufrir las consecuencias de la enfermedad.

Por mi parte, yo no acepto que sea normal tener ni un catarro. No me importa cuantas explicaciones científicas y médicas me den para convencerme de la necesidad de un catarro de cada cierto tiempo; yo no lo acepto como algo normal. Lo normal es disfrutar de la misma salud que disfrutaba Adán y Eva en el Edén. Sé que esta declaración es controversial, pero la hago como resultado de mi experiencia vital.

4 — "Estoy Enfermo Para la Gloria a Dios."

"Oyéndolo Jesús, dijo: Esta enfermedad no es para muerte, sino para la gloria de Dios, para que el Hijo de Dios sea glorificado por ella."

Juan 11:4

Esta es la única escritura en los 66 libros de la Biblia que menciona una enfermedad para la gloria de Dios. Una palabra de cautela, nunca debemos establecer una doctrina con un solo verso de las Escrituras. Jesús nunca quiso decir que la enfermedad le traería gloria a Dios. Lo que le traería gloria a Dios sería cuando Lázaro fuera sanado. Esto daría una oportunidad para que el Hijo de Dios fuera glorificado ante los judíos.

De la única forma que una enfermedad le trae gloria a Dios es cuando la persona es sana. Son innumerables los relatos de la Biblia de como la gente le dio la gloria a Dios cuando vieron las sanidades que Jesús hizo. Si una persona se queda enferma y nunca es sana, Dios no recibe ninguna gloria. Nunca olvidemos que Lázaro fue resucitado y sanado para la gloria de Dios.

Dios no necesita tu enfermedad para recibir gloria. Tiene millones de ángeles y de redimidos que día y noche le dan la gloria, el poder y la honra por quien Él es. Un cáncer nunca le dará gloria a Dios. ¿Tú crees que el diablo es tan estúpido que él va a enfermar a la gente, si él supiera que eso le da gloria a Dios?

Nunca puedo olvidar el testimonio del evangelista Schambach. Una persona enferma de cáncer se llegó a él para recibir la oración de fe. En el diálogo que el evangelista tuvo con la señora, ella le dijo que por razón de ese cáncer ella le daba gloria a Dios. Sin pensarlo dos veces Schambach le dijo: "Si esto es así, entonces voy a pedirle al Señor que le ponga otro cáncer para que usted le dé aun más gloria".

Posiblemente esto suena un poco fuerte, pero algunas veces tenemos que sacudir a la gente en esta forma; para que ellos despierten a la realidad que lo que están creyendo y repitiendo no es la Palabra de Dios, sino las tradiciones de los hombres.

5 — "¿Y Cómo Voy a Morir?"

"Vendrá en la vejez a la sepultura, como la gavilla de trigo que se recoge en su tiempo."

Job 5:26

Esta pregunta es un poco graciosa, pero hay personas que defienden a capa y espada su derecho a enfermarse, porque creen que esa es la única forma de una persona morirse. Sé de alguien que le dijo una vez a un compañero predicador, que yo estaba enseñando falsa doctrina. Cuando mi compañero le preguntó a este hermano, en qué punto estaba mi falsa doctrina; la respuesta de él fue entre otras cosas la siguiente: "Nahum enseña que uno nunca debe enfermarse".

Mi amigo le dijo: "¿Qué de malo hay en eso? Eso es una tremenda bendición de Dios."

Enseguida él replicó: "Si eso es así, ¿cómo uno se va a morir?"

Es curioso que hay creyentes que están mas interesados en saber cómo morir que en cómo vivir. Estas palabras son el resultado de una tradición que dice que de algo tiene uno que morir. Lo interesante del caso es que la Biblia dice que el justo vendrá a la sepultura en la vejez. Compara la muerte del justo con la cosecha de la gavilla de trigo, la cual se recoge cuando el trigo está completamente maduro.

Yo creo que de acuerdo a tu fe, te será hecho. Si tú crees que tienes que estar enfermo para poder salir del cuerpo, es muy probable que esa sea tu experiencia. Yo escojo creer que si Cristo no viene antes, cumpliré la plenitud de mis días y en el momento determinado entregaré mi espíritu, y volaré a la presencia del Señor. Creo que esto le da más gloria a Dios que morir en otra forma.

La Biblia y la historia dan testimonio de los muchos hombres de Dios que se despidieron de esta tierra en esta forma. Ejemplos de ellos son: Jacob, Moisés, David, Smith Wigglesworth, Kenyon, George

Mueller y otros. Algunos predicaron y profetizaron antes de morirse. ¿No te suena esto excitante?

6 — No Siempre es la Voluntad de Dios Sanar.

"Él es quien perdona todas tus iniquidades, El que sana todas tus dolencias."

Salmos 103:3

He escuchado predicadores orar por los enfermos en una forma que es totalmente anti-bíblica. La expresión "Si es tu voluntad" puede ser tu peor enemiga, cuando estás pidiendo a Dios que te sane, o cuando estás orando por la sanidad de otra persona.

No dudo que los que hacen esto, creen sinceramente que están haciendo una oración de acuerdo a la voluntad de Dios. Considero que esta frase es una asesina de tu fe, y te impedirá acercarte a Dios con la seguridad de que Él hará lo que ha dicho una y otra vez en su Palabra. Los que oran de esta forma ignoran que la voluntad de Dios sobre la sanidad ya está claramente establecida en la Biblia. No hay necesidad de orar para descubrir la voluntad de Dios en este respecto.

A pesar de esto, sabemos que hay escuelas y seminarios bíblicos que auspician esta creencia. Para ellos la sanidad divina es un misterio, el cual reside totalmente en la soberanía de Dios. Repito una vez más, que no me explico como expertos en los idiomas Hebreo y Griego puedan llegar a esta errónea conclusión, cuando la voluntad de Dios se ve en toda la Biblia desde Génesis hasta Apocalipsis.

Una de las razones que me movieron a escribir este libro es llevar a las multitudes el mensaje simple de la Palabra de Dios sobre cuál es la voluntad de Dios en el asunto de la sanidad. No solo es la voluntad de Dios sanar a sus hijos; de acuerdo a la revelación de la Biblia, es siempre la voluntad de Dios, sanar.

No negamos la importancia de usar la frase "Si es tu voluntad" siempre y cuando le estemos pidiendo a Dios cosas que no están definidamente prometidas en la Palabra, o en situaciones donde la Biblia es silenciosa sobre un asunto. La Biblia no dice nada sobre el lugar para comenzar una iglesia o quién debe ser la mujer para cada hombre. La Biblia sí es muy clara en cosas que son la voluntad de Dios como: la salvación de todos los hombres, la sanidad del cuerpo humano y que seamos llenos del Espíritu Santo.

7 — No Todos Pueden Ser Sanados.

"Y cuando llegó la noche, trajeron a Él muchos endemoniados; y con la palabra echó fuera los demonios, y sanó a todos los enfermos."
Mateo 8:16

Si concluimos que no siempre es la voluntad de Dios sanar a los enfermos, esto nos llevará automáticamente a aceptar esta séptima tradición como válida. El argumento usado para defender esta declaración es casi siempre el testimonio de las personas que no reciben su sanidad en una cruzada, o la observación sobre los creyentes que mueren enfermos.

La falla de este argumento es que está basado en la experiencia humana, y no en la provisión y seguridad divina de sanidad. Si aceptamos este argumento como válido, tendríamos también que concluir que no todos pueden ser salvos. La realidad es que todos pueden, aunque no todos lo serán.

Casi nunca oigo a los críticos de la sanidad divina diciendo que las personas que no se convirtieron en una campaña de Billy Graham; no lo hicieron porque no era la voluntad de Dios que todos fueran salvos.

¿Por qué decir entonces que no todos pueden ser sanados, usando como argumento el hecho que personas no recibieron su sanidad cuando alguien oró por ellos? Por muchas razones que aun no entendemos, muchas personas no son sanadas, pero eso de ningún modo indica que esa no sea la voluntad de Dios, o que todos no puedan ser sanados.

8 — "Estoy Sufriendo por la Causa de Cristo."

"Ciertamente llevó Él nuestras enfermedades, y sufrió nuestros dolores; y nosotros le tuvimos por azotado, por herido de Dios y abatido."

Isaías 53:4

Aunque la Biblia habla en diferentes lugares sobre la realidad que el cristiano se va a encontrar con el sufrimiento por razón del evangelio; nunca el sufrimiento equivale a enfermedad. Decir que cuando estamos enfermos estamos sufriendo para la gloria de Dios o por la causa de Cristo, indica que desconocemos el carácter del sufrimiento de Cristo en la cruz.

El profeta Isaías es muy claro al decir que Jesús sufrió los dolores que son consecuencia de las enfermedades que le vienen a los hombres. La enfermedad no es parte del sufrimiento que el creyente tiene que sufrir por servir a Cristo. Esta es una mentira de Satanás para convencer a los enfermos que hay un propósito redentor en su enfermedad.

El pensamiento detrás de esta tradición es que mientras más sufre un creyente con enfermedad, más será perfeccionado en su caminar cristiano. Ya combatimos este argumento diciendo que la perfección viene por medio de la vida de Jesús, y la Palabra revelada por el Espíritu Santo.

Sería más propio decir que si una persona está enferma, está sufriendo por la causa de Satanás, y en algunos casos por causa de su negligencia, o por causa de su incredulidad. Me he encontrado con personas enfermas que sienten gran orgullo en hablar de sus dolencias y enfermedades como un sufrimiento que los está acercando más a Dios. Esto no es otra cosa que desconocer que ya Dios nos hizo aceptos en Cristo por la fe en su gracia y no por ninguna penitencia que hagamos.

Se ha escrito de santos que en medio del sufrimiento han sido poderosos intercesores; y se da a entender que su efectividad en este ministerio está conectada de alguna forma al hecho de que estaban enfermos. ¿No hubieran sido más efectivos en la obra de Dios, sirviéndole con todas las fuerzas de un cuerpo completamente sano? No niego que Dios nos da su gracia en situaciones como ésta, pero no es por razón de la enfermedad, sino por el amor y compasión que Él tiene hacia sus hijos.

9 — "Dios Me Está Probando Como a Job."

"He aquí, tenemos por bienaventurados a los que sufren. Habéis oído de la paciencia de Job, y habéis visto el fin del Señor, que el Señor es muy misericordioso y compasivo."
Santiago 5:11

La enfermedad que afligió a Job ha sido usada como una excusa para decir que Dios prueba a sus hijos con enfermedades. Me acuerdo que desde muy pequeño oía a hermanos de la iglesia en la cual me crié decir que estaban enfermos porque estaban pasando la prueba de Job. En este caso es un poco difícil convencer a esta gente de la necesidad de reprender la enfermedad. Si pensamos en primer lugar que algo viene de Dios con un propósito misterioso (como se dice algunas veces); ¿cómo atreverse uno a orar en contra de aquello que Dios está enviando para mi perfección?

Aunque esto sería material para un libro aparte; quiero tomar la oportunidad para esclarecer algunas interpretaciones tradicionales sobre el caso de Job. En primer lugar, de acuerdo a la Palabra, no fue Dios quien enfermó a Job, sino Satanás. La Biblia relata:

> *"Entonces salió Satanás de la presencia de Jehová, e hirió a Job con una sarna maligna desde la planta del pie hasta la coronilla de su cabeza."*
>
> **Job 2:7**

Aunque se diga que Dios permitió esto, fue Satanás quien lo ejecutó. Cabría preguntar si fue Dios quien lo permitió o fue el mismo Job. Hay cosas que Dios las permite en el cielo porque ya nosotros las permitimos en la tierra.

En segundo lugar, la Biblia no registra en ningún lugar que Dios estuviera probando a Job por medio de la enfermedad. Fue Job, quien ignoraba lo que estaba pasando en el mundo espiritual, quien dijo: "Me probará, y saldré como oro" (Job 23:10). En sí quien estaba probando a Job era el diablo; para probarle a Dios que Job no era lo que Dios decía que él era.

Deja que Job te Diga Por Qué

Veamos el tercer aspecto de este asunto. ¿Quién fue el responsable de quitarle el cerco de protección a Job, de forma que Satanás pudiera entrar? (Job 1:10)

Job mismo nos da la respuesta: "Porque el temor que me espantaba me ha venido, y me ha acontecido lo que yo temía. No he tenido paz, no me aseguré, ni estuve reposado; no obstante me vino turbación" (Job 3:25,26). Fue el temor en Job lo que abrió un portillo en su cerco, por donde entró la serpiente antigua (Eclesiastés 10:11).

No podemos usar la aflicción de Job como la vara de medir para decir que Dios envía enfermedad para probar a sus hijos. Tengo un problema con los que usan este argumento para defender su enfermedad. A ellos siempre les digo lo siguiente: "Aun si fuera Dios quien te está enviando esa enfermedad, ¿crees tú que eres tan perfecto, recto y temeroso como Job para merecerte esta prueba?"

Además le añado: "Recuerda que la enfermedad de Job no duró más de 9 meses, y al fin él fue sanado por Dios; y su postrer estado fue mejor que el primero" (Job 42:12). Nadie que crea que su enfermedad es la aflicción de Job debe morir como consecuencia de la misma. La Palabra registra que Job murió viejo, sano, rico, y lleno de días (Job 42:17).

10 — El Aguijón de Pablo era Una Enfermedad.

"Y para que la grandeza de las revelaciones no me exaltase desmedidamente, me fue dado un aguijón en mi carne, un mensajero de Satanás que me abofetee."

2 Corintios 12:7

Ahora sí que vamos a tocar una de las vacas sagradas de la tradición evangélica y protestante, que se opone al mensaje de sanidad divina. Aunque la Biblia nunca dijo ni remotamente que el aguijón que fue enviado contra Pablo era una enfermedad; aún así intérpretes serios de la Biblia han insistido por siglos que no debemos aspirar a una vida libre de enfermedad, porque el Apóstol con más revelación en la Biblia padecía enfermedad.

Hay algo que debemos dejar bien establecido desde el principio de este libro. La validez de una doctrina de la Biblia no depende de la experiencia de ningún hombre, sino de lo que Dios ha dicho en su Palabra. No olvidemos que no todo lo que la Biblia relata como la experiencia de otro es necesariamente la voluntad de Dios para los hombres.

¿Por qué no se predica que es normal que un líder en la iglesia adultere y asesine al marido de la mujer para quedarse con ella? ¿No es esa la experiencia de otro gran hombre de Dios, David, quien nos edifica con sus poderosos salmos?

No hay que ir muy lejos para saber qué era el aguijón de Pablo. Era un mensajero de Satanás (no de Dios) enviado a Pablo para impedir la obra apostólica que él estaba haciendo. Este príncipe de las tinieblas tenía la misión de inspirar persecución y resistencia al ministerio de Pablo dondequiera que él iba (2 Corintios 12:10).

La verdad del caso es que Pablo nunca se rindió ante este mensajero de Satanás. En todo momento él lo venció por medio de la suficiencia de la gracia que había recibido de Dios. No hay forma que podamos defender el derecho a estar enfermo, usando el razonamiento; que si el gran Apóstol padecía de una enfermedad, tenemos nosotros también que aceptar la enfermedad como algo inevitable.

Aunque Pablo hubiera tenido esa enfermedad, eso no indica que yo tenga que tenerla. Mi fe no está basada en lo que hizo o no hizo Pablo; mi fe está fundada en lo que Jesús prometió para mí con su muerte en la cruz del Calvario.

Amigo y hermano, el propósito de este libro es enfrentarte con lo que la Biblia enseña sobre la realidad de la enfermedad y la voluntad de Dios para sanar a los enfermos. Ahora queda de nosotros hacer la decisión. ¿Qué anuncio vamos a creer, el anuncio de los hombres o el anuncio de Dios?

En este capítulo he compartido contigo lo que la religión y la tradición han enseñado por tanto tiempo. En el próximo capítulo vamos a considerar lo que Dios y su Palabra dicen sobre la enfermedad. ¿Estás listo para que conozcas la verdad y que la misma te haga libre?

Pensamiento Bíblico

¿Quién ha creído a nuestro anuncio? ¿y sobre quién se ha manifestado el brazo de Jehová?
Isaías 53:1

Capítulo 2
¿QUIÉN TIENE LA CULPA?

Si hay algo que ha impedido que millares de personas reciben su sanidad es el no saber la verdadera respuesta a esta pregunta. Han pasado casi dos siglos de historia del cristianismo y todavía en muchos sectores de la iglesia reina mucha ignorancia y confusión en cuanto al origen y carácter de la enfermedad.

Como ya establecí en el capítulo anterior, hay una variedad de tradiciones y enseñanzas de hombres que han ocultado la verdad de Dios sobre el carácter de la enfermedad. Esto más que otra cosa ha contribuido a que los cristianos vivan en confusión sobre quién es el autor de la enfermedad.

Es mi opinión que un lector honesto de las Escrituras no debería tener ninguna duda acerca del origen de la enfermedad. La revelación de la Biblia es clara al respeto. Satanás y sus demonios son los responsables de la obra de destrucción y muerte que se manifiesta por medio de la enfermedad.

Desde la primera aparición de la serpiente antigua en el Edén no he leído en ninguna parte de la Biblia que Satanás haya hecho algo bueno para bendecir la humanidad. Tanto Jesús como su discípulo Pedro afirmaron lo contrario en los siguientes versos:

"El ladrón no viene sino para hurtar matar y destruir; Yo he venido para que tengan vida, y para que la tengan en abundancia."

Juan 10:10

"Cómo Dios ungió con el Espíritu Santo y con poder a Jesús de Nazaret, y como éste anduvo haciendo bienes y sanando a todos los oprimidos por el diablo, porque Dios estaba con Él."

Hechos 10:38

¡Cuidado! El Culpable Anda Suelto

¿No te has dado cuenta que el verdadero culpable de la enfermedad en los seres humanos se sale con la suya, mientras los hombres (incluyendo cristianos), le echan la culpa a Dios por la obra del diablo? Hasta tanto entendamos bien que Satanás es el ladrón de nuestra salud y el destructor de los cuerpos de hombres y mujeres; no tendremos victoria sobre la enfermedad.

Jesús, que por cierto conoce bien a Satanás desde antes de la fundación del mundo, nos dice cuál es el carácter de la obra del diablo: matar, robar y destruir. Si hay algo que me ha ayudado inmensamente para vivir en victoria sobre la enfermedad es tener bien definido quién está detrás de todo lo que trate de robarme, matarme y destruirme.

Si no entendemos esto, nunca podremos tratar efectivamente con la enfermedad. Como yo sé sin una sombra de duda que no es Dios quien está detrás de la enfermedad; se me hace fácil resistir los intentos del diablo por enfermarme, o reprender la enfermedad que por alguna razón se haya albergado en mi cuerpo.

¿Opresión o Bendición?

El Apóstol Pedro predicando en casa de Cornelio le llama a la enfermedad una opresión del diablo, la cual Jesús combatió en todo momento con la unción del Espíritu Santo. Ya vimos anteriormente que fue Satanás quien enfermó a Job y no Dios, como algunos han tratado de insinuar.

Otra prueba de que Satanás es el autor de la enfermedad la encontramos en un incidente que pasó en una sinagoga cuando Jesús llegó un día Sábado. En ese día se encontraba entre los asistentes una mujer que estaba encorvada y no podía enderezarse por 18 años.

El relato bíblico dice que esto se debía a un espíritu de enfermedad. En las mismas palabras de Jesús, Él nunca le atribuyó la enfermedad de esta mujer a la voluntad de Dios, tampoco dijo que ella estaba sufriendo para la gloria de Dios.

Jesús dijo: *"Y esta hija de Abraham, que Satanás había atado 18 años, ¿no se le debía desatar de esta ligadura en el día de reposo"* (Lucas 13:16). No tenemos que ser teólogos para entender las palabras de Jesús. El diablo y solo el diablo era el responsable de tener a esta mujer atada. Ahora Jesús venía a desatar lo que Satanás había atado. Yo creo que fue este conocimiento lo que mantuvo a Jesús durante todo su ministerio en la tierra, sanando a los oprimidos por el diablo.

La Obra de los Demonios

¿Cómo es que Satanás ata las personas con enfermedad? Para contestar esta pregunta tenemos que entender el papel de los demonios en la obra de destrucción de Satanás. Sin entrar en detalles sobre el origen de los demonios, ya que este no es el propósito de este libro; la Biblia es muy clara y enfática indicando cómo Satanás tiene un ejército de espíritus malignos que tienen la comisión de traer tragedia y miseria a la raza humana.

Es cierto que la enfermedad es la obra de Satanás, pero él usa sus millones de demonios para causar enfermedad en todo el mundo. Jesús estaba muy consciente de esta realidad. Por esta razón cuando Él les dio la comisión a los doce discípulos, primero les dio autoridad para echar fuera demonios, y luego para sanar enfermos.

"Entonces llamando a sus doce discípulos, les dio autoridad sobre los espíritus inmundos, para que los echasen fuera, y para sanar toda enfermedad y toda dolencia."

Mateo 10:1

Con la experiencia que tengo en el ministerio de sanidad me he dado cuenta que para poder tener mayor éxito en la sanidad de los enfermos hay que primero saber echar fuera demonios. Históricamente todos los grandes evangelistas que han sido usados poderosamente por Dios en la sanidad de las multitudes; fueron hombres que sabían que se estaban enfrentando a algo más que a una dolencia física. Ellos sabían que se estaban enfrentando a una fuerza de carácter espiritual que era asignada por el mismo diablo para destruir los cuerpos de los hombres.

¿Causan los Demonios Todas las Enfermedades?

Esta pregunta ha sido muy debatida en círculos teológicos y aun hoy en día causa un poco de controversia. Algunas personas muy bien intencionadas nos quieren hacer creer que toda enfermedad es causada por causas naturales. Otros dicen que no podemos atribuirle todas las enfermedades a la obra de los demonios.

La realidad bíblica es que toda enfermedad es tratada como una opresión demoníaca. Pedro dijo en casa de Cornelio que Jesús había sido ungido por Dios para sanar a *"todos los oprimidos por el diablo"* (Hechos 10:38).

Con esto no estoy argumentando que toda persona enferma esté poseída por un demonio o esté endemoniada. Tomemos como ejemplo la enfermedad del cáncer. Aun muchos médicos saben que detrás de esta horrible enfermedad hay una fuerza destructiva que no tiene explicación racional. Los que entendemos el mundo espiritual no tenemos ningún problema entendiendo que detrás de cada cáncer hay un demonio que viene a matar, robar y destruir.

Es mi opinión después de haber orado por miles de enfermos por más de 25 años que en todo tipo de enfermedad hay una influencia demoníaca. En muchos casos hay un demonio de destrucción morando en el cuerpo del enfermo. En otros casos el demonio causó la enfermedad, aunque no esté residiendo en el cuerpo del enfermo.

En algunas ocasiones el Espíritu Santo me revela si hay un demonio activo detrás de la enfermedad en el cuerpo de la persona. En otros casos no recibo esa revelación. No importa cuál sea el caso, siempre tengo la práctica de ordenarle al espíritu inmundo que suelte el cuerpo del enfermo antes de pedirle a Dios que lo sane.

Es posible que alguien crea que este es un enfoque un poco simplista, pero la realidad es que da resultados; y miles de enfermos han recibido su sanidad, tanto en mis servicios como en los de tantos otros predicadores que usan el mismo método.

Yo no tengo tiempo en cada campaña de sanidad para estar preguntándole a Dios si hay o no un demonio en cada enfermo. Haya demonio presente o no lo haya, una cosa sí sé; toda enfermedad es obra de Satanás y sus demonios. Por lo tanto, le ordeno al diablo que saque sus garras asquerosas del cuerpo del enfermo para que Dios restaure el cuerpo a una completa sanidad.

La Realidad del Espíritu de Enfermedad

Hay varios relatos de las sanidades de Jesús, donde podemos observar cómo Él trató con la fuerza espiritual detrás de la enfermedad. Podemos usar la frase *"espíritu de enfermedad"* para describir cualquier demonio que causa enfermedad en los seres humanos. La enfermedad es causada por algo más que un germen o un virus, es causada por una entidad espiritual que tiene su origen en Satanás.

El escritor del Evangelio de Lucas no era ningún ignorante. Lucas era un médico que había sido entrenado para tratar a los enfermos. Te pido que observes cuidadosamente cómo Lucas describe la condición de una mujer enferma que Jesús encontró en la sinagoga:

> *"Enseñaba Jesús en una sinagoga en el día de reposo; y había allí una mujer que desde hacía dieciocho años tenía espíritu de enfermedad, y andaba encorvada, y en ninguna manera se podía enderezar."*
> **Lucas 13:10,11**

Esta mujer que estaba enferma a causa de un espíritu de enfermedad, fue sanada por Jesús cuando Él puso las manos sobre ella. Cuando el principal de la sinagoga se enojó porque Jesús sanó a esta mujer en el día sábado, Jesús dio la razón para Él sanarla:

> *"Y a esta hija de Abraham, que Satanás había atado por dieciocho años, ¿no se le debía desatar de esta ligadura en el día de reposo?"* **Lucas 13:16**

Esta escritura prueba sin lugar a dudas que Satanás ata a los seres humanos por medio de millares de espíritus de enfermedad que han sido sueltos sobre esta tierra para destruir la salud de los hombres. Esta mujer al igual que muchos hoy en día no podía ser sanada de su enfermedad a menos que fuera primero libre del demonio que la causaba. Esto explica por qué Jesús le dijo: *"Mujer, eres libre de tu enfermedad"* (Lucas 13:12).

Primero Liberación, Después Sanidad

Esto no es un caso aislado, el cual estoy usando para tratar de probar un razonamiento teológico o doctrinal. Hay varias referencias en los evangelios de casos donde Jesús sanó al enfermo después de confrontar el demonio que lo oprimía. Permíteme darte algunos ejemplos:

> *"Mientras salían ellos, he aquí, le trajeron un mudo endemoniado. Y echado fuera el demonio, el mudo habló; y la gente se maravillaba y decía: Nunca se ha visto cosa semejante en Israel."* **Mateo 9:32,33**

> *"Entonces fue traído a Él un endemoniado, ciego y mudo; y le sanó, de tal manera que el ciego y mudo veía y hablaba."* **Mateo 12:22**

> *"Y cuando Jesús vio que la multitud se agolpaba, reprendió al espíritu inmundo diciéndole: Espíritu mudo y sordo, Yo te mando, sal de él, y no entres más en él."* **Marcos 9:25**

De acuerdo a estas escrituras, lo que causa que algunas personas sean mudas, sordas y ciegas es la actividad de espíritus inmundos de enfermedad. Hay diferentes clases de demonios con diferentes funciones. Hay espíritus de temor, de mentira de adulterio, de hechicería, etc. Si reconocemos la existencia de estos demonios que afectan el alma del individuo (induciéndola a pecar), tenemos que también aceptar la existencia de demonios que afectan el cuerpo por medio de la enfermedad.

La obra de Satanás es una de destrucción y robo. Si él no logra seducir a un creyente para que peque, tiene la alternativa de enviarle un espíritu de enfermedad para oprimir y atormentar el cuerpo.

No debemos permitir en nuestra vida ni lo uno ni lo otro. Con la misma autoridad que podemos reprender un demonio que nos induce a pecar y dañar nuestra alma, debemos resistir y echar fuera cualquier espíritu de enfermedad que venga a dañar nuestro cuerpo.

Enemigos que Vienen a Comer tu Carne

Una de las luchas constantes que tiene un siervo de Dios es con los intentos del diablo por enfermar su cuerpo. Estoy consciente que Satanás quiere destruir la salud de todos los seres humanos de acuerdo a lo que he dicho anteriormente. Por la experiencia que he tenido como un ministro activo del evangelio puedo testificar de las luchas espirituales que he tenido con Satanás para mantener la salud y la vitalidad de mi cuerpo.

Me he dado cuenta que mientras más un hombre conoce el mundo espiritual y entra en guerra espiritual para librar a los cautivos del pecado, la enfermedad y los demonios; más fuertes serán los intentos de Satanás por destruir su salud.

No negamos que la prioridad de Satanás es enfermar las almas de los hombres por medio del pecado. No es difícil para Satanás cambiar de táctica, cuando él descubre que los siervos de Dios se han dado completamente a Él, y que por lo tanto no sucumbirán a sus tentaciones para arruinar su vida espiritual y traer vergüenza al evangelio.

La segunda alternativa de Satanás para destruir a un siervo de Dios es debilitando su cuerpo y enfermándolo. Él sabe muy bien que un hombre enfermo no será tan efectivo en la obra del Señor como uno que está operando en la totalidad de sus fuerzas físicas. Creo que muchos siervos de Dios han muerto antes de tiempo por no entender esta realidad.

Estate Alerta Después de Una Gran Victoria

Es durante períodos de gran batalla espiritual cuando Satanás trata de desanimarnos atacando el cuerpo físico. Me he dado cuenta que el diablo se aprovecha de que el cuerpo está cansado por razón de la lucha espiritual que hemos mantenido. En ocasiones como estas la solución no está en correr a las aspirinas o a los remedios caseros. La solución está en contraatacar al enemigo con todas las fuerzas hasta que él suelte el lugar que ha ocupado en el cuerpo.

Una de estas experiencias la tuve cuando regresé con mi familia en el 1993 después de una convención internacional en Nicaragua. Las dos semanas anteriores a esa convención las había pasado en otro país en medio de una gran batalla espiritual. Fueron dos semanas donde casi luché con Satanás cara a cara para salvar una iglesia y traer orden después que su pastor tuvo que ser removido por una horrenda situación de pecado e inmoralidad.

El ataque frontal del diablo vino cuando llegué a Miami para una semana de vacaciones. ¡Cómo sentí no poder hacer nada con mi familia en una semana que me quería dedicar a ellos después de tres semanas de fuerte actividad espiritual! Una cosa sí yo sabia. El problema no era físico, sino espiritual. El enemigo estaba indignado por la gran victoria que había tenido en las últimas semanas. Por toda una semana no sabía si sentarme o acostarme, por el gran dolor que atacaba mi espalda continuamente.

¿Pastor, qué hizo en ese tiempo? No me rendí al diablo y tampoco me tomé pena. Eso es exactamente lo que el diablo espera que hagamos en situaciones como estas. En esta ocasión aproveché el tiempo para contraatacar a Satanás escribiendo los dos últimos capítulos de mi libro *"Confrontando a Satanás"*. ¿Quieres saber los títulos? *"Confrontando a la Serpiente"*, y *"¿Quién Ganará la Ultima Batalla?"*

David Tuvo las Mismas Experiencias.

"Cuando se juntaron contra mí los malignos, mis angustiadores y mis enemigos, para comer mis carnes, ellos tropezaron y cayeron."

Salmo 27:2

"Como quien hiere mis huesos, mis enemigos me afrentan, diciéndome cada día: ¿Dónde está tu Dios?"

Salmo 42:10

En muchos de los Salmos David expresa las muchas luchas espirituales que él tuvo. A primera vista podríamos llegar a pensar que cuando David habla de enemigos siempre se estaba refiriendo a personas de carne y sangre. Creo que David entendía el mundo espiritual mejor que esto, y él sabía que aun los enemigos de carne y sangre estaban inspirados por Satanás y sus demonios.

Aunque no fuera así, podríamos establecer un paralelismo entre los enemigos físicos del Antiguo Testamento con los enemigos espirituales del Nuevo Testamento. No importa cómo lo interpretemos el principio sigue siendo el mismo. Los enemigos vienen sin ninguna compasión con el propósito de destruir nuestra carne.

David usa la frase *"para comer mis carnes"* para referirse a la obra de destrucción que el enemigo hace en el cuerpo humano. Esta frase describe mejor que nada como el espíritu de enfermedad hace entrada en el cuerpo para comer la carne. No es coincidencia que David usa tres palabras que podemos aplicar libremente a los demonios. Los demonios por razón de su carácter y su actividad son *"malignos"*, *"angustiadores"* y *"enemigos"*.

Para mi no es difícil entender lo que está diciendo David en el Salmo 27. Hay veces que he sentido como que todos los demonios del infierno se han levantado contra mí para destruir mis carnes. Por eso David dijo: *"Aunque un ejército acampe contra mí, no temerá mi corazón; aunque contra mí se levante guerra, yo estaré confiado"* (Salmo 27:3).

Amigo lector, no ignores las maquinaciones de Satanás. Él tiene ejércitos de demonios con la única función de destruir los cuerpos de los hombres por medio de la enfermedad. Cuando vi la cara desfigurada de un hombre comida por el cáncer, me di cuenta sin lugar a dudas que el enemigo viene a *"comer la carne"* de los seres humanos.

El propósito de lo que te estoy diciendo no es para infundirte temor, sino para ayudarte a enfrentar los enemigos de tu alma y de tu cuerpo. La respuesta está en acercarte a Dios y clamar en fe:

"Jehová es mi luz y mi salvación; ¿de quién temeré? Jehová es la fortaleza de mi vida; ¿de quién he de atemorizarme?"

Salmo 27:1

¡Gloria a Dios! Que hay provisión para tu victoria en Dios. Jehová es tu luz para darte revelación de la obra de Satanás y Él es tu fortaleza para que no entres en temor. No hay duda que serán muchas las luchas que tendremos contra los enemigos de nuestra carne. David descubrió la seguridad que había en su Dios para enfrentarse a estos espíritus destructores y siempre salir victorioso. Tú puedes hacer lo mismo.

"Claman los justos, y Jehová oye, y los libra de todas sus angustias. Cercano está Jehová a los quebrantados de corazón; y salva a los contritos de espíritu. Muchas son las aflicciones del justo, pero de todas ellas le librará Jehová. El guarda todos sus huesos; ni uno de ellos será quebrantado."

Salmo 34:17-20

Relación de Pecado y Enfermedad

¿Envía o permite Dios la enfermedad? ¿Tiene la enfermedad algún propósito redentor? ¿Prueba Dios sus hijos con enfermedad? ¿Es posible que en algunos casos la enfermedad sea una bendición de Dios? Me atrevo decir con la autoridad de la Palabra de Dios que la respuesta a cada una de estas preguntas es un rotundo **NO**. Nunca la enfermedad es un instrumento de bendición bajo ninguna circunstancia.

Nada que venga de Satanás puede bendecir la humanidad. Lo único que puede hacer es traer destrucción, tragedia y muerte. Uno de los Salmos nos dice que Dios no es el autor de la enfermedad, sino el liberador: *"Envió su Palabra y los sanó, y los libró de su ruina"* (Salmo 107:20).

No es necesario leer la Biblia para saber cómo la enfermedad arruina la raza humana. Deja niños huérfanos, le acorta la vida a jóvenes con un futuro brillante, y hasta destruye hombres de Dios sin haber terminado el ministerio que Dios puso en sus manos.

Dios es el Autor de Vida Abundante

No se te ocurra nunca decir al frente mío, que es Dios quien anda haciendo esto. Jesús quien vino a revelarnos el verdadero carácter de Dios dijo: *"Yo he venido para que tengan vida, y para que la tengan en abundancia"* (Juan 10:10).

¿Aceptarás la verdad de Dios sobre el origen y carácter de la enfermedad, o seguirás aferrado a las tradiciones de los hombres, las cuales anulan la Palabra de Dios? No tienes nada que perder creyendo la Palabra de Dios. Lo único que perderás será el sufrimiento y la ruina que viene como consecuencia de la obra del diablo, la enfermedad.

¡Gloria a Dios! Que hay una gloriosa provisión de Dios para contrarrestar esta maldita obra de Satanás y sus demonios. Si tú estás aún enfermo, no tienes que aceptar esa condición como el veredicto final. No permitas que Satanás tenga la última palabra en tu situación. Escápate del lazo del cazador y de la peste destructora (Salmo 91:3).

Recibe con mansedumbre las verdades expresadas en este libro y podrás experimentar la liberación de cualquier espíritu de enfermedad que esté atacando tu cuerpo.

Hay un río de sanidad que corre a través de las páginas de este libro; y no me extrañaría que en algún momento de la lectura del mismo, recibas tu sanidad en el nombre del Señor Jesús.

Pensamiento

"La enfermedad es la obra de destrucción de Satanás para impedir que tú disfrutes de la vida abundante que Jesús te vino a dar."

Capítulo 3
EL PACTO DE SANIDAD

Dios se manifestaba a su pueblo Israel de acuerdo a la necesidad que ellos tuvieran en un momento determinado. En cada nueva manifestación de Dios, Él se revelaba a su pueblo por medio de un nuevo nombre. Juntamente con cada nombre particular viene la manifestación de una parte del carácter y naturaleza de Dios. Esta es la razón principal por la cual Dios es tan celoso con su nombre, de modo que prohibió en uno de los diez mandamientos que nadie usara su nombre en vano.

En la cultura del Viejo Testamento el nombre de una persona era de trascendental importancia. Diferente a hoy en día, cada padre tenía mucho cuidado de nombrar a su hijo proféticamente. El nombre que se le diera a una persona al nacer, en una forma u otra determinaría su carácter y su destino en la vida.

Es por eso que en ocasiones que Dios quiso hacer algo nuevo en una persona le cambió su nombre como en el caso de Abram. Su nuevo nombre Abraham le daba un nuevo carácter y un nuevo destino; antes era padre exaltado, ahora es padre de una multitud.

El pueblo de Israel entendía muy bien este concepto. Por esto se relacionaba con Jehová Dios por medio de diferentes nombres. Para ellos cada nombre de Dios representaba una parte de su carácter, identidad y naturaleza. Como Dios, es imposible que Él viole su naturaleza. Por lo tanto cada nombre de Dios en la Biblia se constituye en una seguridad absoluta de la disposición de Dios de hacer y cumplir lo que su nombre significa y promete.

Cuando Dios quiso que su pueblo lo viera como el proveedor de sus necesidades materiales se le reveló como **Jehová-Jireh**, el Dios que provee. Para asegurar a su pueblo de que Él es quien pelea por ellos se le reveló como **Jehová-Nissi**, el Dios que levanta bandera de guerra. Un nombre que tiene la intención de darnos paz y seguridad en cualquier circunstancia es **Jehová-Shalom**. En las Escrituras Hebreas hay por lo menos siete nombres por medio de los cuales Dios escogió manifestarse a su pueblo en el Viejo Pacto.

El Establecimiento del Pacto de Sanidad

"Y dijo: Si oyeres atentamente la voz de Jehová tu Dios e hicieres lo recto delante de sus ojos; y dieres oído a sus mandamientos y guardares todos sus estatutos, ninguna enfermedad de las que envié a Egipto te enviaré a ti; porque yo soy Jehová tu sanador."

Éxodo 15:26

En este capítulo nos concentraremos en la revelación de Dios como el sanador de su pueblo. El nombre **Jehová-Rafa** se traduce en nuestra Biblia en Español como **"Yo soy Jehová tu sanador"**. El hecho de que Dios se revele con el nombre **Jehová-Rafa** asegura la disposición de Él, de ser el sanador de nuestros cuerpos, como lo es también del alma.

No puedo entender como hay tantas personas que aceptan cada uno de los otros nombres redentores de Dios, pero a la misma vez rechazan el nombre que asegura la sanidad física. ¿Quién se atreve argumentar que el primer nombre redentor de Dios en la Biblia ha perdido su valor, o no es aplicable hoy en día?

Yo invito a los maestros y teólogos que niegan la doctrina de la sanidad divina a que se atrevan a negar también los otros nombres redentores de Jehová Dios. Si Dios ha dejado de ser **Jehová-Rafa**, entonces también ha dejado de ser **Jehová-Tsidkenu** (Jehová justicia mía), **Jehová-Shalom** (Jehová es mi paz), y **Jehová-Shammah** (Jehová está presente). Esto equivaldría a herejía bíblica y doctrinal. ¡Gloria a Dios que todavía nuestro Dios es **Jehová-Rafa**!

La primera mención del nombre **Jehová-Rafa** la encontramos durante la salida del pueblo de Israel de Egipto. Cuando llegaron a las aguas de Mara, donde no podían tomar las aguas porque eran amargas, Dios le dio instrucciones a Moisés para endulzar las aguas (Éxodo 15:22-26).

El relato bíblico dice que Dios le mostró un árbol a Moisés como la solución para esta situación. Las ramas de ese árbol sanearon las aguas, y todo el pueblo de Israel pudo saciar su sed. Por alguna razón muy poderosa Dios aprovechó este incidente para revelarse a su pueblo como **Jehová-Rafa**, el Sanador.

La Primera Promesa de Sanidad

Esta es la primera promesa que encontramos en la Biblia estableciendo claramente la voluntad de Dos en referencia a la sanidad. Podemos decir que en esta ocasión Dios estableció el Pacto de Sanidad con su pueblo, aunque ya ellos habían sido sanados previamente. De esto hablaremos un poco más tarde en el capítulo.

El incidente en las aguas de Mara está repleto de simbolismo sobre la sanidad divina. En la tipología bíblica las aguas representan muchas veces multitud de gentes. Podemos decir que las aguas amargas son un tipo de la humanidad que está amargada por la enfermedad y el sufrimiento. No es mera coincidencia que Dios le mostró a Moisés un árbol como el medio para endulzar las aguas. Podemos decir que este árbol es un tipo perfecto de la cruz donde Jesús entregó su vida.

En la misma forma que el árbol que Dios le mostró a Moisés endulzó las aguas de Mara; la cruz donde murió Jesús es el instrumento que Dios usó para traer sanidad a la humanidad. Esto explica por qué Jehová Dios aprovechó esta ocasión para decirle al pueblo de Israel: *"Yo soy Jehová tu sanador"*. Es interesante que la promesa está en el tiempo presente. Dios se nos revela como el eterno sanador de nuestras dolencias físicas.

Ahora queda de su pueblo cumplir las condiciones que son parte del Pacto de Sanidad. El pacto establece lo siguiente: primero, la enfermedad es para el mundo no salvo (Egipto). Segundo, debemos oír la voz o la Palabra de Dios para recibir fe para ser sanos; y tercero, nuestra conducta debe ser una que agrade a Dios y debe estar en armonía con su identidad. Si cumplimos estas tres condiciones, tenemos la seguridad de parte de Dios, de que Él no enviará ninguna enfermedad en sus hijos, porque Él es **Jehová-Rafa**.

Y No Hubo en sus Tribus Enfermo.

"Hirió de muerte a todos los primogénitos en su tierra, las primicias de toda su fuerza. Los sacó con plata y oro; y no hubo en sus tribus enfermo."

Salmo 105:36,37

Si algún pueblo podemos decir que estaba enfermo y maltrecho eran los israelitas que estaban en esclavitud en Egipto. Imaginémonos un pueblo trabajando de sol a sol, con poca alimentación y siendo objeto del látigo de los brutales capataces de Egipto. No es de extrañar que casi la mayor parte de los hebreos en una forma en mayor o menor medida sufriera de algún tipo de enfermedad. ¿Cómo Dios se las va a arreglar para sacar un pueblo enfermo, y someterlo a los rigores de una larga travesía por el desierto?

El escritor del Salmo 105 nos asegura que Dios sanó a cada uno de los Hebreos antes de salir de Egipto. ¿Por qué yo creo esto? La escritura que acabamos de ver nos dice que Dios *los sacó con oro y plata"*, y en seguida añade, *"y no hubo en sus tribus enfermo"*.

Estos dos incidentes ocurrieron simultáneamente la noche antes del pueblo salir de Egipto. De acuerdo al relato de Éxodo tenemos que llegar a la conclusión que la sanidad precedió a la bendición del oro y la plata.

Para que podamos entender mejor esto, tenemos que considerar la celebración de la primera Pascua. En el capítulo 12 de Éxodo Dios le dio instrucciones a Moisés para que ordenara a cada familia de Israel que sacrificara un cordero la noche antes de salir de Egipto.

Dios tenía en mente dos propósitos para bendecir al pueblo de Israel. En primer lugar, la sangre sería un medio de protección del ángel de la muerte. Cada hebreo que obedeciera a Dios poniendo la sangre del cordero en los postes y los dinteles de sus casas, sería protegido del ángel que saldría por todo Egipto dando muerte a los primogénitos.

Sanados por Medio del Cordero

En segundo lugar, la orden de Dios era que cada familia comiera toda la carne del cordero esa misma noche. Podemos decir que esta fue la última comida que los hebreos tuvieron en Egipto antes de salir en su peregrinación hacia el desierto.

Esta fue una noche histórica para el pueblo de Israel. La sangre protegió a sus primogénitos de una muerte segura en las manos del ángel destructor. La carne del cordero fue el medio que Dios usó, para no solo alimentar y fortalecer a los hebreos para el viaje, sino que podemos asegurar que en esa noche todos fueron sanados.

No creas que te estoy presentando una fantasía bíblica. No podemos olvidar que el cordero pascual es un símbolo exacto de nuestro Señor Jesucristo. Cada persona que recibe a Jesús como su salvador puede ser partícipe de una doble bendición: salvación del ángel destructor (salvación del pecado), y sanidad y fortaleza del cuerpo físico.

De acuerdo a la tipología de esta primera Pascua, podemos asegurar sin duda alguna que todo creyente que come el Cordero (recibe a Jesús) y es lavado con la sangre; puede disfrutar tanto de la salvación como de la sanidad.

No perdamos de vista que hoy tenemos un mejor pacto establecido sobre mejores promesas. Si por medio de un cordero los hebreos podían ser salvos de la ira, y podían ser sanados; cuanto más, por la sangre del Cordero de Dios (Jesús) podemos recibir el perdón de los pecados y caminar en la fortaleza de la sanidad de Dios hoy. ¿Estás comiendo el Cordero?

Dios Quiere ser el Médico de su Pueblo

"Mas a Jehová vuestro Dios serviréis y Él bendecirá tu pan y tus aguas; y yo quitaré toda enfermedad de en medio de ti. No habrá mujer que aborte, ni estéril en tu tierra; y yo completaré el número de tus días."

Éxodo 23:25,26

Estoy más que convencido que Jehová Dios quiere ser el médico de su pueblo. No solo Él desea ser el salvador y proveedor de las necesidades de los hombres; Dios ha prometido desde Génesis a Apocalipsis ser para sus hijos **Jehová-Rafa**.

Con esta declaración no es mi intención menospreciar o subestimar la valiosa obra que hacen los médicos para tratar de aliviar el sufrimiento causado por la enfermedad en los hombres. A veces pienso que la mayoría de los médicos están más interesado en sanar a los enfermos que muchos predicadores y maestros de la Biblia que combaten el ministerio de sanidad.

En esta escritura hallamos una poderosa clave para la sanidad del creyente. En mi experiencia orando por enfermos en diferentes naciones del mundo, me he encontrado con la realidad de personas que solo desean ser sanadas, pero no hacen un compromiso serio de servir a Dios.

Me atrevo decir que la prioridad de Dios no es nuestra sanidad física. La prioridad de Dios es que le amemos y sirvamos sobre todas las cosas. El mandamiento principal de la Biblia es: " *Y amarás al Señor tu Dios con todo tu corazón, y con toda tu alma, y con toda tu mente, y con todas tus fuerzas"* (Mateo 12:30, Deuteronomio 6:5).

Antes de pedir que Dios nos sane, nos debemos preguntar: ¿Para qué queremos que Dios nos sane? ¿Para nuestra propia comodidad, llevando una vida separada de Dios? ¿Para estar más fuertes para servir a los deseos de la carne, o para servirle a Él?

Sí que Dios quiere ser el médico de su pueblo, pero Él establece ciertas condiciones. La condición que le dio al pueblo de Israel es la misma que hoy se aplica a nosotros: *"A Jehová tu Dios serviréis".* Si hacemos eso como Él espera, entonces su bendición no se hará esperar sobre nosotros. Como resultado de esa bendición tenemos la promesa de que nuestros alimentos serán una fuente de sanidad y no de enfermedad.

"Quitaré Toda Enfermedad"

En una época cuando hay tantas manías sobre dietas alimenticias y regímenes naturalistas, haríamos bien en prestar atención a la Palabra de Dios: *"Bendeciré tu pan y tus aguas".* Dios sabía que muchas enfermedades vendrían como consecuencia de los alimentos que digerimos.

Si estamos sirviendo a Dios en espíritu y en verdad; podremos comer cualquier cosa confiados de que por la oración y la Palabra está bendito.

"Porque todo lo que Dios creó es bueno, y nada es de desecharse, si se toma con acción de gracias; porque por la Palabra de Dios y por la oración es santificado."

1 Timoteo 4:4,5

Yo sé que para muchos esto suena un poco irrealista, y consideran que está fuera de la experiencia de la mayoría de la raza humana. No podemos ignorar que esta es la Palabra de **Jehová-Rafa**, quien nunca cambia y ha prometido siempre respaldar su Palabra para darle cumplimiento a la misma.

La promesa de Dios es tan abundante que no solo incluye el hecho de que Él *quitará toda enfermedad* de nuestro medio, sino que *"no habrá mujer que aborte, ni estéril en tu tierra"*. Y si esto no fuera suficiente, la promesa abarca el hecho de una larga vida: *"Y yo completaré el número de tus días"*.

Es difícil para mí creer que alguien que lea la Biblia bajo la inspiración del Espíritu Santo, no se dé cuenta de que Jehová Dios es el sanador de su pueblo. No estamos hablando de versos aislados en la Palabra de Dios, estamos hablando de una verdad que la encontramos repetida cientos de veces, tanto en el Antiguo Testamento como en el Nuevo.

La sanidad es parte integral de la bendición que Dios ha prometido para sus hijos y siervos de todas las edades. Moisés le recordó esto a la nueva generación que no había recibido la promesa en las aguas de Mara:

"Y por haber oído estos decretos, y haberlos guardado y puesto por obra, Jehová guardará contigo el pacto y la misericordia que juró a tus padres".

"Bendito serás más que todos los pueblos; no habrá en ti varón ni hembra estéril, ni en tus ganados."

"Y quitará Jehová de ti toda enfermedad; y de todas las malas plagas de Egipto, que tú conoces, no las pondrá sobre ti, antes las pondrá sobre todos los que te aborrecen".

Deuteronomio 7:12,14,15

Jehová Guarda el Pacto

La doctrina de la sanidad no está limitada a la economía del Nuevo Testamento. Aunque con la venida de Jesús hay un incremento en la sanidad, siempre Dios ha respondido al clamor de sus hijos cuando estos han clamado a Él para la sanidad de sus cuerpos. Es imposible separar la sanidad de Dios de su presencia. Donde quiera que Dios está, sus atributos de seguro se manifestarán.

Fueron muchos los siervos de Dios que acudieron a Él para ser sanados de sus dolencias. Algunos comentaristas de la Biblia aseguran el hecho de que por casi 450 años el pueblo de Israel no conocía la profesión médica, porque Jehová Dios era su exclusivo sanador.

Los médicos fueron introducidos en Israel cuando Salomón se mezcló con mujeres egipcias, quienes trajeron sus médicos con ellas. Esto causó que el pueblo de Israel empezara a confiar en los médicos más que en Dios, a la manera de las otras naciones gentiles.

John G. Lake fue uno de los hombres usados por Dios en una forma maravillosa en las primeras tres décadas del siglo veinte. Como resultado de su ministerio de sanidad más de 100,000 personas recibieron sanidad divina.

En los párrafos que siguen voy a compartir contigo una porción de un recuento histórico que Lake hizo sobre la sanidad divina. Hablando acerca de cómo Dios mantuvo su Pacto de Sanidad con su pueblo por más de 400 años él dice lo siguiente:

"Israel, una nación de millones de personas, vivió bajo el Pacto de Sanidad sin ninguna interrupción por 450 años. Ahora, este es el punto

que quiero despertar en tu alma. Ellos no tenían médicos, y tampoco medicina. Los médicos y la medicina pertenecían a los paganos, eran común a la gente que no conocía a Dios.

El mundo gentil tenía sus médicos y su medicina, pero el pueblo del Pacto con Dios no tenía ni médicos ni medicina. Ellos confiaron en Dios y solo en Dios por 450 años. Todas las necesidades de esta gran población fueron suplidas por el poder de Dios. Niños nacían y hombres y mujeres morían de avanzada edad. La vida de este pueblo era sostenida por nada menos que el poder de Dios. Dios se demostraba como Dios para cada situación de la vida de ellos."

¿Por qué el pueblo de Israel que vivía en un pacto inferior al nuestro pudo lograr vivir confiando solo en Dios para sanidad, cuando hoy a los creyentes se les hace tan difícil? Esta realidad del Pacto de Sanidad que operaba en el pueblo de Israel movió a Lake a hacer este otro comentario:

"¿No es de extrañar que con todo lo que nos enorgullecemos de los avances espirituales que hemos tenido; que hoy tengamos menos fe en Dios que la que tenía la gente antes de Jesús venir al mundo? Realmente esto es razón para que nos critiquemos a nosotros mismos.

¿No sería bueno para nosotros, que por la gracia de Dios, miráramos hacia atrás y examináramos cándidamente qué fue lo que hizo posible tal demostración de fe en Dios para sanidad? ¿Cómo fue que el pueblo judío pudo confiar en Dios y solo en Dios para sanidad por más de 400 años, o sea, hasta el tiempo de Salomón?"

Los Profetas Ministraban Sanidad

Aunque Dios es la única fuente de salud y vida, en todas las épocas Él ha usado individuos para dispensar su poder de sanidad. Desde el primer libro de la Biblia encontramos que el mismo Dios reconoció a uno de esos hombres.

En el capitulo 20 de Génesis encontramos la historia de cómo Dios cerró la matriz de todas las mujeres de la casa de Abimelec, por haber éste llevado a Sara a su harén. Dios mirando la sinceridad de este rey que no sabía que Sara era esposa de Abraham, se le aparece en sueños y le dice a Abimelec: *"Ahora, pues, devuelve la mujer a su marido; porque es profeta, y orará por ti, y vivirás"* (Génesis 20:7).

Esta escritura es la primera mención del oficio del profeta en la Biblia. Aquí se da a entender que parte de las responsabilidades del profeta en Israel era orar por la sanidad de la gente. Es interesante que Dios espera que el profeta ore por los enfermos y estos sean sanados. Abraham es el primer hombre que la Biblia registra que operó en el ministerio de sanidad.

"Entonces Abraham oró a Dios; y Dios sanó a Abimelec y a su mujer, y a sus siervos, y tuvieron hijos."

Génesis 20:17

Moisés también operaba en este ministerio de sanidad. Cuando su hermana María quedó leprosa por haber murmurado contra él, la Biblia dice: *"Entonces Moisés clamó a Jehová diciendo: Te ruego, Oh Dios, que la sanes ahora"* (Números 12:13).

Esta acción de parte de Moisés indica claramente que parte del ministerio de Moisés como el Pastor Principal de Israel era orar por los que eran atacados por enfermedades. Esta oración de Moisés nos da a entender que él sabía que Dios sanaba en respuesta a la oración; y él esperaba que Dios lo hiciera por su hermana María.

Nos falta espació en este libro para entrar en detalles sobre el ministerio de distintos profetas que fueron usados por Dios en el Antiguo Testamento para dispensar sanidad divina.

Durante los ministerios de Elías y Eliseo podemos decir que hubo en Israel un avivamiento de señales, milagros y sanidades. La fama de Eliseo en este respecto llegó hasta los oídos de Naamán, un general del ejército de los Sirios, quien estaba enfermo de lepra.

Es de notar que para los israelitas era muy normal creer en el poder de Dios para sanidad. Fue una muchacha israelita la que le dijo a la señora de Naamán: *"Si rogase mi señor al profeta que está en Samaria, él lo sanaría de su lepra"* (2 Reyes 5:3).

Me impresiona mucho la seguridad y la fe que tenía esta chica de que el profeta Eliseo oraría por su amo, y éste sería sanado. En sus palabras no hay vacilación ni dudas sobre la realidad del ministerio de sanidad de este profeta de Dios. Tal como ella dijo, así aconteció. Naamán fue sanado después de seguir las instrucciones del profeta Eliseo.

Buscando Primero a Jehová-Rafa

En todas las dispensaciones Dios siempre ha respondido al clamor de su pueblo, sea para liberación de los enemigos, para provisión económica, o para sanidad física. Es tanto así que Dios mismo espera que sus siervos que están enfermos lo busquen a Él para sanidad.

La Biblia relata de un rey que por no buscar a Dios para su sanidad murió prematuramente. Con algún propósito el Espíritu Santo permitió que este relato llegara hasta nosotros. Alguna lección Dios quiere enseñarnos con esta historia. 2 Crónicas 16:12,13 dice:

"En el año treinta y nueve de su reinado, Asa enfermó gravemente de los pies, y en su enfermedad no buscó a Jehová, sino a los médicos. Y durmió Asa con sus padres, y murió en el año cuarenta y uno de su reinado".

Asa fue un rey que la Palabra dice que su corazón fue perfecto para con Dios (2 Crónicas 15:17). Parece que el Rey Asa tenía un defecto, y era que en momentos de crisis tendía a apoyarse en el brazo del hombre y no en el brazo de Jehová Dios de los ejércitos. Por esta razón hizo una alianza incorrecta con el rey de Siria, y Dios le llamó la atención por medio del profeta Hanani. En vez de Asa arrepentirse, escogió revelarse contra el profeta que Dios había enviado, echándolo en la cárcel.

Podemos decir que fue esto lo que causó que Asa enfermara de los pies. Ni aun así clamó a Dios por sanidad, porque su corazón se había ensoberbecido. Quiero aclarar que Asa no murió porque buscó a los médicos, sino porque buscó a los médicos para no tener que arrepentirse de su rebelión contra Dios y su profeta.

Esto no es nada nuevo en el ser humano. ¿Cuántos son los millares que han muerto de enfermedad, no porque habían cumplido su tiempo en la tierra, sino porque se rebelaron contra Dios y su Palabra.

Sin menospreciar la buena obra que hacen tantos médicos dedicados a la sanidad de la humanidad,

Dios es honrado cuando lo buscamos a Él como el primer recurso para nuestras enfermedades.

Trágicamente aun la mayor parte de los cristianos buscan a Dios para que los sane solo como el último recurso. Muchas veces la razón de esto es que nos negamos a arreglar aquellas situaciones en nuestra vida, que en algunos casos sabemos que fue lo que causó la enfermedad en primer lugar.

Es muy triste que aun poderosos evangelistas de sanidad murieron destruidos por la enfermedad, por ignorar lo que acabo de mencionar. !Dios tenga misericordia de nosotros¡ Qué siempre estemos abiertos a la corrección, tanto de Dios como de los profetas que Él envía a nuestro camino. Recordemos a Asa.

Los que Clamaron Fueron Sanados

Que diferente la reacción de Ezequías cuando enfermó de muerte. A pesar de que el profeta Isaías le trajo la noticia de parte de Dios, de que iba a morir y no viviría, él se humilló ante Dios. La Biblia nos dice:

> *"Entonces él volvió su rostro a la pared, y oró a Jehová y dijo: te ruego, oh Jehová, te ruego que hagas memoria de que he andado delante de ti en verdad y con íntegro corazón, y que he hecho las cosas que te agradan. Y lloró Ezequías con gran lloro."*
>
> **2 Reyes 20:2,3**

La fe de este rey me mueve intensamente porque él no tenía una promesa de sanidad de parte de Dios, sino por lo contrario una promesa de muerte. La diferencia estriba en que Ezequías sabía cómo mover a Dios a su favor. Él sabía que Dios es un Dios bueno, quien es movido a misericordia por el clamor de sus hijos.

La oración de Ezequías fue instantánea, pero también lo fue la respuesta. Antes que Isaías saliese hasta la mitad del patio, Jehová le dijo: *"Vuelve, y di a Ezequías, príncipe de mi pueblo: Así dice Jehová, el Dios de David tu padre: Yo he oído tu oración, y he visto tus lágrimas; he aquí que yo te sano; al tercer día subirás a la casa de Dios"* (2 Reyes 20:5).

La única razón que Dios dio para concederle la sanidad a Ezequías, fue que Él oyó su oración y sus lágrimas. Dios no ha cambiado. Todavía hoy en día Él sigue respondiendo al clamor de aquellos que se allegan a Él para la sanidad de sus cuerpos.

David conocía muy bien este secreto. Quizás por esto, cuando Jehová le habló a Ezequías se le reveló como el Dios de David. Cada vez que David estaba enfermo, (o alguien de su familia, como en el caso del niño que nació como resultado de su unión con Betsabé), él clamaba a la misericordia de Dios para sanidad (2 Samuel 12:16). Veamos algunas de esas referencias que expresan su clamor por sanidad:

"Ten misericordia de mí, Oh Jehová, porque estoy enfermo; sáname, Oh Jehová porque mis huesos se estremecen."

Salmo 6:2

"Jehová Dios mío, a ti clamé, y me sanaste. Oh Jehová, hiciste subir mi alma del Seol; me diste vida, para que no descendiese a la sepultura."

Salmo 30:2,3

"Yo dije: Jehová, ten misericordia de mí; sana ni alma, porque contra ti he pecado."

Salmo 41:4

¡Qué importante es que cada persona tenga la revelación de que Dios es el sanador de su pueblo! Solo así podremos llegar a Él y clamar por la sanidad de nuestros cuerpos, como hicieron estos hombres de la antigüedad. Es notable que ellos tenían fe en que Dios atendería su clamor y los sanaría aun antes de que Cristo viniera.

¿Por qué entonces nosotros los que vivimos en el Nuevo Pacto, no acudimos a **Jehová-Rafa** con la misma fe y confianza de que Él se compadecerá de nuestras dolencias y nos sanará? No importa cual sea la enfermedad, Dios está esperando que clamemos a Él para librarnos. Termino este capítulo con el testimonio del Salmo 107 sobre este particular.

> *"Fueron afligidos los insensatos, a causa del camino de su rebelión y a causa de sus maldades; Su alma abominó todo alimento, y llegaron hasta las puertas de la muerte. Pero clamaron a Jehová en su angustia, y los libró de sus aflicciones. <u>Envió su Palabra y los sanó, y los libró de su ruina.</u> Alaben la misericordia de Jehová, y sus maravillas para con los hijos de los hombres; Ofrezcan sacrificios de alabanza, y publiquen sus obras con júbilo."*
>
> **Salmo 107:17-22**

Pensamiento

"Con su nombre Jehová-Rafa, Dios se ha comprometido a sanar las enfermedades de aquellos que ponen una demanda en su fidelidad y misericordia."

Capítulo 4
"YO SOY JESÚS TU SANADOR"

A unque hemos visto la realidad de la sanidad en el Antiguo Testamento; no fue hasta la venida de Jesús que se hizo más patente la voluntad de Dios de sanar a los enfermos. Una cosa es cuando Jehová Dios estaba sanando personas por medio de sus representantes en la tierra; otra cosa es cuando Él decidió enviar a su propio Hijo al mundo para hacer lo mismo que ya Él le había prometido al pueblo de Israel en las aguas de Mara.

Ahora Dios se está envolviendo personalmente con la raza humana para que ya no tengan más reservas acerca del amor que Él tiene hacia ellos, sanando sus dolencias y enfermedades. Podemos decir sin temor a equivocarnos que el Nuevo Testamento es la historia del mismo **"Yo Soy"** del Antiguo Testamento. En la persona de su Hijo, Dios le esta diciendo al mundo: *"***Yo Soy Jesús Tu Sanador***"*

La prueba más contundente de que Dios quiere sanar a la humanidad de sus dolencias y enfermedades la tenemos en la persona de Jesús. Es inconcebible que después de una persona haber leído detenidamente el relato de los cuatro evangelios, todavía albergue dudas acerca de la disposición de Dios para sanar a los enfermos. Los cuatro evangelios quedarían muy reducidos en su contenido si intentáramos eliminar todos los relatos que tienen que ver con sanidad.

La sanidad no fue una actividad secundaria en el ministerio de Jesús, ni nunca fue relegada a un asunto superficial en su vida. Desde el principio de su ministerio, Jesús le dio un gran énfasis al ministerio de echar fuera demonios y de sanar a los enfermos. Esto era de tanta importancia para Jesús, que arriesgó su vida y aun su reputación sanando en el día sábado, lo que los líderes religiosos consideraban una blasfemia y un insulto a Dios.

El Sanador Vino en Persona

Uno de los nombres con los cuales Jesús es conocido es el nombre Emanuel. Ese es el nombre que Isaías profetizó en el capítulo 7 y verso 14. El ángel le puso el nombre **"Jesús"** que significa **"Salvador"**.

Mateo nos dice que esto es cumplimiento de la profecía de Isaías que dijo: *"He aquí, una virgen concebirá y dará a luz un hijo, y llamarás su nombre Emanuel, que traducido es: Dios con nosotros"* (Mateo 1:23). Esto indica que Dios vino en la persona de Jesús para salvar, sanar y liberar a la humanidad esclava por el pecado.

No podemos ver a Jesús como alguien inferior al Padre. Él es el mismo Jehová Dios del Antiguo Testamento, pero ahora vino en un cuerpo semejante a nosotros y para estar con nosotros. Para afirmar esto el Apóstol Pablo nos dice: *"que Dios estaba en Cristo reconciliando consigo al mundo, no tomándoles en cuenta a los hombres sus pecados..."* (2 Corintios 5:19).

Con razón Jesús le dijo a Felipe: *"El que me ha visto a mí, ha visto al Padre"* (Juan 14:9).

¡Qué glorioso es que el mismo Dios que Moisés vio cara a cara en el monte, ahora podía ser visto por todos los hombres! Aunque Jesús puso a un lado sus atributos divinos para tomar forma de hombre, siguió siendo Dios (Filipenses 2:6). Por los caminos polvorientos de Judea y Galilea caminaba Aquel que es el resplandor de la gloria del Padre y la imagen misma de su sustancia (Hebreos 1:2). Jesús es mucho más que el representante de Dios, Él es la encarnación fiel y verdadera de Aquel que le dijo a Moisés: *"Yo soy Jehová tu sanador"*.

Jesús vino a manifestar y a revelar a su padre Dios. La vida y el ministerio de Jesús es una revelación de la esencia y el carácter del Padre. Recordemos que Jesús siempre ha existido con el Padre desde antes que el mundo fuese (Juan 17:5).

Nadie mejor que Jesús puede revelar la verdadera naturaleza del Padre porque *"a Dios nadie le vio jamás; el unigénito Hijo, que está en el seno del Padre, Él le ha dado a conocer"* (Juan 1:18). Si esto es así, entonces todo lo que Jesús dijo e hizo es una manifestación de lo que el Padre es.

Por lo tanto tenemos que llegar a la conclusión que la revelación de Dios en el Antiguo Testamento es incompleta. Si queremos conocer a Dios en verdad tenemos que leer y estudiar especialmente los cuatro evangelios, que son los que revelan a Jesús quien es la manifestación visible de Jehová Dios.

En la medida que conozcamos a Jesús en su manifestación en su cuerpo de carne, podremos entender mejor al Jehová Dios del Antiguo Testamento.

Veamos cómo se manifestó Dios sanando los enfermos en la persona de su Hijo Jesús.

"El Padre que Mora en Mí Él Hace las Obras"

Porque he descendido del cielo, no para hacer mi voluntad, sino la voluntad del que me envió."

Juan 6:38

De acuerdo a las palabras de Jesús, su ministerio refleja exactamente cual es la voluntad del Padre hacia los hombres. No hay ninguna contradicción entre la voluntad de Dios y la voluntad de su Hijo. Ambos están comprometidos con la sanidad de la humanidad. Fue el Padre quien envió a Jesús a la tierra con la comisión de sanar los enfermos.

Podemos decir que Jesús vino a confirmar lo que el Padre había prometido en el Antiguo Testamento: *"Yo soy Jehová tu Sanador"*. El Jehová sanador del Antiguo Testamento es ahora el Jesús sanador del Nuevo Testamento.

Es tanto así que Jesús nunca tomó crédito por ninguna de las obras de sanidad que Él hizo. Después de Jesús haber sanado al paralítico de Betesda los judíos procuraban matar a Jesús por haber hecho esta sanidad en el día de reposo. La respuesta de Jesús a ellos fue: *"Mi Padre hasta ahora trabajo, y yo trabajo"* (Juan 5:17). Con estas palabras Jesús les dio a entender que aun en el día de reposo su Padre no descansaba cuando era asunto de sanar los enfermos. Su trabajo era solamente resultado del trabajo de su Padre.

Y para enfatizar el hecho de que Él sanaba a los enfermos en sumisión a la voluntad del Padre, Jesús añadió lo siguiente: *"De Cierto, de cierto os digo; no puede el Hijo hacer nada por sí mismo, sino lo que ve hacer al Padre; porque todo lo que el Padre hace, también lo hace el hijo igualmente"* (Juan 5:19).

Jesús que conocía al Dios mejor que los mejores teólogos de su tiempo, sabía que su Padre había sanado a los enfermos en el Antiguo Testamento. Su argumento ante los judíos que lo perseguían era que Él meramente era un imitador de su Padre. Como Jesús había visto a su Padre sanando los enfermos, entonces Él también sanaba.

Esto lo podemos ver con más claridad en la conversación que Jesús tuvo con Felipe, cuando éste le dijo que le mostrara al Padre (Juan 14:8). Entre otras cosas Jesús le dijo: *"¿No crees que yo soy en el Padre, y el Padre en mí? Las palabras que yo os hablo, no las hablo por mi propia cuenta, sino que **el Padre que mora en mí Él hace las obras*** (Juan 14:10).

Podemos entonces concluir que Jehová Sanador vino en persona a la tierra para continuar la obra de sanidad que ya era patente en la economía del Antiguo Testamento. Jesús no podía hacer otra cosa que sanar porque Jehová-Rafa vivía dentro de Él. Su naturaleza era la naturaleza del Sanador, la sanidad no era una actividad secundaria de su ministerio; la sanidad era la manifestación de su carácter. Él estaba diciendo en otras palabras: *"YO SOY JESÚS TU SANADOR"*

"Yo he Venido Para que Tengan Vida"

Jesús fue muy claro y muy enfático en declarar públicamente cuál era su propósito al venir a la tierra. Él sabía que venía a una tierra controlada por Satanás y sus demonios. Como consecuencia de la rebelión de Adán y Eva a la Palabra de Dios toda la humanidad estaba hundida en pecado, enfermedad y opresión demoníaca.

Jesús no vino a esta tierra a simplemente comenzar un nuevo sistema religioso o a enseñar una nueva filosofía de vida. Ya eso había sido hecho por muchos antes que Él y no había podido sacar al hombre de su crisis existencial. Jesús declaró su misión en las siguientes palabras:

"El ladrón no viene sino para hurtar y matar y destruir; Yo he venido para que tengan vida, y para que la tengan en abundancia."

Juan 10:10

Este verso contrasta fielmente la diferencia entre la obra de Jesús y la obra de Satanás. Jesús nos está diciendo que El vino para contrarrestar la obra Satanás. Es por causa de Satanás que la humanidad está enferma. La enfermedad le roba al hombre la salud, destruye sus energías físicas y termina quitándole la vida aun en los años de su juventud.

La solución de Dios para cambiar esta situación fue enviar a su Hijo. El vino a dar vida en vez de muerte porque *"en Él estaba la vida, y la vida era la luz de los hombres"* (Juan 1:4). Ahora los hombres podían escapar de las tinieblas de la enfermedad y el dolor, y caminar a la luz de la vida abundante que Jesús vino a dar.

Si no hubiera otro verso en el Nuevo Testamento sobre la voluntad de Jesús de sanar a los enfermos, yo creo que éste sería más que suficiente. Jesús no solo vino a darnos vida espiritual, su propósito fue afectar toda la existencia del ser humano: espíritu, alma y cuerpo.

Yo estoy seguro que cuando Jesús pronunció estas palabras, Él estaba pensando en algo más que escapar del pecado y la muerte espiritual. La vida que Jesús vino a dar al hombre tiene el potencial de alterar todas las consecuencias de la rebelión de Adán.

Ya hemos mencionado antes como la enfermedad y la muerte vinieron como consecuencia de la obra de Satanás cuando el hombre sucumbió a su engaño. Jesús nos está asegurando ahora que por medio de su vida los hombres pueden ser salvos, libres y también sanos de sus enfermedades.

Jesús fue muy explícito en su declaración; Él no quería dejar ninguna duda en la mente de sus oyentes. No solo Él vino para darnos vida, sino para darnos una vida abundante. Esto tiene que incluir una vida libre de enfermedad. Siempre que hay enfermedad no hay abundancia de vida; por lo contrario, la enfermedad siempre tiene el fin de disminuir la vida hasta llevar a la persona a la muerte.

¡Gloria a Dios! que en Cristo podemos vivir la vida abundante sin temor al diablo, al pecado y a la enfermedad.

Es una pena que millones de seres humanos ni saben que Jesús ha venido, y aun están hundidos en delitos y pecados. Pero también es una tragedia que millares de creyentes que saben que Él vino, no sepan a qué Él vino; *para que tengan vida, y para que la tengan en abundancia.*

Estas es una de las razones de la escritura de este libro, llevar las buenas nuevas a una humanidad sufriente, de que no hay razón para seguir permitiendo que el ladrón les continúe hurtando, matando y destruyendo. El Buen Pastor vino a dar su vida por las ovejas para que estas ya no sigan oprimidas y enfermas.

Para Esto Dios Ungió a Jesús.

"Vosotros sabéis lo que se divulgó por toda Judea, comenzando desde Galilea, después del bautismo que predicó Juan: cómo Dios ungió con el Espíritu Santo y con poder a Jesús de Nazaret, y cómo Este anduvo haciendo bienes y sanando a todos los oprimidos por el diablo, porque Dios estaba con Él."

Hechos 10:37,38

El Apóstol Pedro consideraba tan importante el ministerio de sanidad de Jesús que lo enfatizó en el mensaje que trajo en casa de Cornelio. De acuerdo a estas palabras el ministerio de sanidad de Jesús era muy bien conocido por toda Judea y Galilea.

El hecho de que Pedro mencionara esto en su primer mensaje a los gentiles, indica sin lugar a dudas la trascendencia de la sanidad, tanto en el ministerio de Jesús como en el de los apóstoles. Por eso Pedro añadió: *"Y nosotros somos testigos de todas las cosas que Jesús hizo en la tierra de Judea y Jerusalén"* (Hechos 10:39).

La sanidad era tan importante en la vida de Jesús que Él fue ungido por el Padre para ello. La unción del Espíritu Santo no solo vino a Jesús para predicar y expulsar demonios, sino con el propósito determinado de sanar los enfermos. En esta escritura la frase **"haciendo bienes"** equivale a sanar a los enfermos. Este es uno de los versos más poderosos del Nuevo Testamento porque establece unos puntos muy significativos sobre la sanidad:

1 — La enfermedad es una opresión diabólica.

2 — Sanar los enfermos es hacerle un bien a la humanidad.

3 — Se requiere la unción del Espíritu Santo para sanar a los enfermos.

4 — Jesús sanó a todos los oprimidos por el diablo.

5 — Dios estaba presente con Jesús en su ministerio de sanar los enfermos.

En el capítulo anterior nos dedicamos a estudiar la obra de sanidad de Jehová Dios en el Antiguo Testamento, y vimos cómo Él se reveló como Jehová-Rafa a su pueblo en las aguas de Mara. Con la venida de Jesús no hubo una disminución en el poder de sanidad, sino por lo contrario un aumento considerable. Nos quedaría preguntar sobre la función del Espíritu Santo en este asunto de la sanidad.

Este verso es glorioso porque nos da a entender como las tres personas de la Deidad trabajan en perfecta unidad y acuerdo para la sanidad de los hombres. El Padre ungió con el Espíritu Santo a su Hijo Jesús para que Éste continuara la obra que Él había iniciado en el Antiguo Testamento.

Esto sigue siendo cierto aun en el presente. Si queremos sanar a los enfermos necesitamos que Dios el Padre nos unja con el Espíritu Santo, y necesitamos usar el nombre de Jesús; que es lo mismo como si Él estuviera presente haciendo la sanidad.

Una advertencia a los que quieren tener un ministerio de sanidad sin la asistencia y dependencia del Espíritu Santo. Si Jesús siendo el impecable Hijo de Dios, tuvo que ser ungido con el Espíritu Santo para sanar los enfermos, ¿cuánto más nosotros, que la Biblia nos considera vasos de barro?

Jesús estaba tan consciente del papel de la unción en su ministerio que desde muy temprano en su ministerio lo anunció públicamente. Él sabía que para poder cumplir el propósito con el cual el Padre lo había enviado a la tierra, necesitaría siempre operar bajo la unción del Espíritu Santo.

Una de las características de Jesús fue su fidelidad al cumplimiento del propósito al cual el Padre lo envió a la tierra. No fue mera coincidencia que en una de sus primeras apariciones públicas Él declaró cuál seria su misión en la tierra. Él estaba consciente que solo podría cumplir su ministerio de sanidad con la unción del Espíritu Santo. Las palabras que Jesús leyó en la sinagoga de Nazaret revelan esto. Fue Isaías quien profetizó cómo la unción de Dios estaría sobre Jesucristo para sanar a los enfermos:

> *"El Espíritu del Señor está sobre mí, por cuanto me ha ungido para dar buenas a los pobres; me ha enviado a sanar a los quebrantados de corazón; a pregonar libertad a los cautivos, y vista a los ciegos; a poner en libertad a los oprimidos."*

Lucas 4:18

Para que se Cumpliesen las Escrituras

Toda la vida y el ministerio de Jesús fue un cumplimiento al pie de la letra de lo que las Escrituras profetizaron acerca de Él. El mismo Jesús estaba muy consciente que cada paso que tomaba tenía que estar en completa armonía con lo que las Escrituras decían de Él. Su ministerio de sanidad no fue la excepción a esto.

Cuando Mateo relata acerca del ministerio de Jesús, él usa una profecía del Antiguo Testamento para legitimizar las sanidades que Jesús estaba haciendo. Mateo nos habla acerca de una de estas ocasiones de tremenda actividad de sanidad en el ministerio de Jesús:

> *"Y cuando llegó la noche, trajeron a Él muchos endemoniados; y con la palabra echó fuera a los demonios, y sanó a todos los enfermos; para que se cumpliese lo dicho por el profeta Isaías, cuando dijo: El*

mismo tomó nuestras enfermedades, y sanó nuestras dolencias."

Mateo 8:16,17

Hasta ahora hemos visto que Jesús sanaba porque era la voluntad del Padre y porque la unción del Espíritu Santo estaba sobre Él. En este verso sus sanidades se atribuyen al cumplimiento de una profecía. Mas adelante en este libro consideraremos todos los detalles de esta profecía de Isaías. Por el presente es suficiente mencionar que en este caso la profecía no se refiere a sanidad espiritual como han querido argumentar algunos enemigos de la sanidad divina.

La Palabra es clara al decirnos: *"Y sanó a todos los enfermos"*. El cumplimiento de esta profecía sigue vigente en el día de hoy. Todavía Jesús sigue sanando, no solo para que se cumplan las profecías del Antiguo Testamento, sino también las del Nuevo.

Ejerciendo un Ministerio Completo

Jesús no solo tuvo un ministerio activo, sino también efectivo. Desde el momento que inició su ministerio después de ser bautizado por Juan el Bautista en el Jordán, Jesús dedicó todo su tiempo y todas sus energías a cumplir el ministerio que su Padre le había encomendado. En el cumplimiento de lo que Él sabía que era su propósito, no permitió que nada ni nadie lo desviara del mismo. Mateo nos describe en qué forma Jesús desarrolló su ministerio:

"Recorría Jesús todas las ciudades y aldeas, enseñando en las sinagogas de ellos, y predicando el evangelio del reino, y sanando toda enfermedad y toda dolencia en el pueblo."

Mateo 9:35

De acuerdo a esta escritura Jesús ejerció lo que podemos considerar un ministerio completo. No hubo una ciudad y aldea que no fuera tocada por su ministerio. En cada lugar que Jesús llegaba desarrolló un ministerio triple: enseñando, predicando y sanando.

Este debe ser el modelo ministerial que debe ser imitado por todo aquel que hoy en día es llamado por Dios al ministerio. Podemos decir que primero Jesús enseñó y predicó la Palabra, pero no se quedó en la fase teórica del Evangelio. Uno de los problemas de muchos ministerios modernos es que solo quieren enseñar y predicar sin tratar con los problemas de los individuos.

Jesús sabía que era importante enseñar y predicar para levantar la fe de sus oyentes; pero estaba consciente que debía darle seguimiento a la predicación y a la enseñanza con la sanidad de los enfermos y con la expulsión de demonios.

Esto es lo que podemos considerar un ministerio completo. No importa lo brillante que sea el discurso del predicador y lo profunda que sea la enseñanza, si no suple las necesidades del público, no vale nada.

Imitemos el Ministerio de Jesús

He escuchado predicadores decir que ellos no enfatizan tanto el orar por los enfermos porque no quieren ser espectaculares en su ministerio. ¿No será que no quieren pagar el precio de vivir en la Palabra y de estar en comunión con el Espíritu Santo para poder hacer las obras de Jesús? Nuestro principal modelo ministerial debe ser el Señor Jesucristo y debemos hacerlo como Él lo hizo.

El relato de Mateo es claro y no deja dudas sobre el método de operación de Jesús. Cuando llegaba a cada ciudad y aldea, primero iba a la sinagoga adonde enseñaba la Palabra. La razón para esto es que los asistentes de la sinagoga eran gente con una mente analítica, quienes respondían mejor a la enseñanza. Creo que Jesús reservaba la predicación para las masas en el campo abierto, quienes eran gente con una mente más sencilla.

Podemos concluir que la sanidad de los enfermos seguía lo mismo a la enseñanza en la sinagoga o a la predicación ante las multitudes. En los evangelios encontramos relatos de sanidades que sucedieron en la sinagoga; pero la mayor parte de las sanidades sucedieron con la gente común fuera de la sinagoga.

Esta fue la razón principal por la cual su ministerio adquirió tanta fama. Las multitudes sabían que cuando llegaran adonde Jesús, no solamente oirían un sermón con una bonita oratoria, sabían que sus enfermedades y sus dolencias serían sanadas. Con razón las multitudes hacían lo indecible por solamente tocar el borde de sus vestidos. Las cosas no han cambiado en lo absoluto; todavía la gente corre hacia un lugar, donde saben que no solo recibirán una buena enseñanza de la Palabra, sino también liberación de sus opresiones demoníacas, y sanidad de sus dolencias y enfermedades.

¡Cuántos ministros hoy en día no están ejerciendo un ministerio completo! Con razón, aun los creyentes se vuelcan a buscar soluciones para sus problemas y enfermedades en las ciencias ocultas y en religiones falsas que ofrecen más esperanza que algunas iglesias evangélicas. Jesús espera que toda persona que se dice llamada al sagrado ministerio cumpla su ministerio sanando a los enfermos y echando fuera demonios, en la misma forma que Él lo hizo.

La Invasión del Reino de Dios

"Después que Juan fue encarcelado Jesús vino a Galilea predicando el evangelio del Reino de Dios, diciendo: "El tiempo se ha cumplido, y el reino de Dios se ha acercado; arrepentíos, y creed en el evangelio".

Marcos 1:14,15

Jesús no vino a esta tierra para traer una nueva filosofía de vida, o para fundar una nueva religión. Podemos comparar la venida de Jesús con una invasión espiritual al reino de Satanás. Sabemos que por causa de la desobediencia de Adán, Satanás se convirtió en el rey de este planeta, aunque no en su dueño absoluto.

La autoridad que Dios le había dado a Adán para dominar la tierra fue usurpada por la astuta serpiente antigua. Esto explica por qué en el monte de la tentación Satanás le dijo a Jesús: *"A ti te daré toda esta potestad, y la gloria de ellos; porque a mí me ha sido entregada, y a quien quiero la doy"* (Lucas 4:6). Esto lo dijo después de haberle mostrado todos los reinos de la tierra.

Fue este dominio de Satanás sobre la tierra y sus criaturas lo que trajo al mundo pecado, enfermedad y muerte. Tenemos que admitir que Satanás opera sobre un reino espiritual de maldad. Todos los que viven en ese reino están sujetos al pecado, la enfermedad y la muerte. Jesús apareció en este mundo con el propósito de trastornar al reino de las tinieblas. El reino de Dios vino a invadir violentamente el reino del diablo.

Para Satanás, Jesús era más que un buen líder religioso. Desde el primer momento que Jesús nació en la humilde aldea de Belén de Judea, él sabía que el mismo Dios que un día lo había expulsado del cielo había llegado a la tierra. Por eso trató de exterminarlo por todos los medios desde su nacimiento. Como no lo logró, trató de confundir a Jesús en el Monte de la Tentación. Fue allí donde nuestro Señor le demostró a Satanás que donde el primer Adán falló, el último Adán prevaleció.

Desde el comienzo de su ministerio Jesús sabía muy bien que Él estaba trayendo el reino de Dios a la tierra, y que donde quiera que este reino se manifestara el reino de Satanás sería desplazado. El mensaje que el diablo escuchó de los labios de Jesús en Marcos 1:14,15 fueron las peores noticias que él recibió en toda su existencia.

¡Pobre diablo!, su monopolio y hegemonía en la tierra estaba por llegar a su fin. Uno más fuerte que él había llegado con un reino más poderoso. No había forma que Satanás pudiera negociar un acomodamiento con este representante legal del Reino de los cielos. Él venía con instrucciones claras y definidas; *"Para esto apareció el Hijo de Dios, para deshacer las obras del diablo"* (1 Juan 3:8).

La Sanidad es una Manifestación del Reino

"Y yendo, predicad, diciendo: El reino de los cielos se ha acercado. Sanad enfermos, limpiad leprosos, resucitad muertos, echad fuera demonios; de gracia recibisteis, dad de gracia."

Mateo 10:7,8

Si entendemos bien qué es el Reino de Dios, nos daremos cuenta de la gran importancia de la sanidad en la predicación del evangelio. Cuando el Reino de Dios llega a un lugar juntamente llega la salvación, la sanidad, la liberación, y la prosperidad.

Podemos decir que la manifestación del Reino de Dios causa un desplazamiento de todas las fuerzas espirituales que son contrarias al carácter y naturaleza de Dios. Jesús es la encarnación visible de ese reino. Donde quiera que Jesús llega, el Reino de Dios se manifiesta. Por esa razón Él dijo: *"El Reino de Dios se ha acercado"*.

Por obligación la predicación del Reino de Dios traerá como consecuencia la sanidad de los enfermos. Los evangelios establecen una estrecha relación entre la predicación del reino y la sanidad de los enfermos. El mismo Jesús estaba al tanto de esto. Lucas dice: *"Y cuando la gente lo supo, le siguió; y Él les recibió, y les hablaba del **Reino de Dios, y sanaba a los que necesitaban ser sanados"*** (Lucas 9:11).

Ahora sí podemos entender por qué la predicación de Jesús lo llevaba siempre a sanar los enfermos. Su principal mensaje era el Reino de Dios, y cómo éste tenía la solución para todos los problemas de la humanidad.

En la comisión que Jesús le dio a los doce cuando los reunió para enviarlos a predicar la Palabra establece muy claro el lugar que tendría el reino en su predicación. Después de Jesús darle autoridad y poder a los doce para sanar y liberar *"los envió a **predicar el Reino de Dios, y a sanar a los enfermos"*** (Lucas 9:2). Es la predicación del Reino de Dios lo que trae el poder de Dios para sanar a los enfermos y echar fuera demonios.

Esta relación entre el reino no es algo superficial o algo que solo hallamos en versos aislados. No es coincidencia que cuando Jesús comisionó otros setenta para ayudarle en la predicación del evangelio les dio las mismas instrucciones que le había dado a los doce:

> *"En cualquier ciudad donde entréis, y os reciban, comed lo que os pongan delante; y <u>sanad a los enfermos</u> que en ella halla, y decidles: Se ha acercado a vosotros el <u>Reino de Dios</u>."*
>
> **Lucas 10:8,9**

¿Por qué Felipe tuvo tanto éxito sanando a los enfermos en Samaria? La Palabra nos da la respuesta: *"Pero cuando creyeron a Felipe, que anunciaba el* **evangelio del Reino de Dios**, *y el nombre de Jesucristo, se bautizaban hombres y mujeres"* (Hechos 8:12).

Si queremos ver un incremento en nuestras iglesias en la sanidad de los enfermos y en la expulsión de demonios, tenemos que seguir el mismo patrón. Prediquemos la autoridad y dominio del Reino de Dios, y Satanás no tendrá otra alternativa que sacar sus asquerosas garras de los cuerpos de hombres y mujeres para que sean sanados.

Lleguemos a cualquier lugar y proclamemos audiblemente: **"El Reino de Dios se ha acercado";** y todo aquello que es contrario a este poderoso reino tendrá que largarse en el glorioso nombre del Señor Jesucristo". Esto equivale a una declaración de guerra a Satanás y a sus obras. Lo que le funcionó a Jesús, a los Doce, a los Setenta, y a Felipe en Samaria; puede funcionar hoy si lo hacemos con fe en el nombre de Jesús.

¿Sanó Jesús a Todos?

Esta es una pregunta que es hecha a menudo tanto por los críticos como los simpatizantes del ministerio de sanidad. Hay dos errores prevalecientes acerca del ministerio de Jesús. Algunos piensan que Jesús indiscriminadamente sanó a todos los enfermos de su tiempo. Otros argumentan que Él solo sanó a aquellos que era la voluntad del Padre sanar.

Los que pertenecen al último grupo parten de la premisa que no es siempre la voluntad de Dios sanar, y que la sanidad es asunto determinado por la soberanía de Dios. Jesús pudo sanar a todos los enfermos de su tiempo si hubieran cumplido las condiciones.

Si leemos los evangelios sin ninguna opinión prejuciada tenemos que llegar a la conclusión que Jesús nunca le negó la sanidad a nadie, fuera judío o fuera gentil. Siempre que la gente vino a Él con fe, e hicieron una demanda al poder de sanidad que había en Él, recibieron la sanidad de sus enfermedades. La Biblia no registra ni una sola ocasión cuando Jesús le dijera a alguien que no era su voluntad sanarle, o que se quedara enfermo para la gloria de Dios.

Después de leer los cuatro evangelios no debe quedar dudas en ninguna mente de que siempre es la voluntad de Jesús sanar a los enfermos.

La Biblia relata de un leproso que vino donde Jesús y le dijo: *"Si quieres, puedes limpiarme"*.

La respuesta de Jesús no se hizo esperar. Marcos nos dice: *"Y Jesús, teniendo misericordia de él, extendió la mano y le toco, y le dijo: Quiero, sé limpio"* (Marcos 1:40,41).

Esta reacción de Jesús ante la enfermedad debe resolver todos los argumentos y debates teológicos sobre la disposición de Jesús para sanar a los enfermos. Podemos asegurar que la respuesta de Jesús sigue siendo la misma en el presente para aquellos que llegan a Él buscando sanidad porque: *"Jesucristo es el mismo ayer, y hoy, y por los siglos"* (Hebreos 13:8).

No es mi intención enredarme en un debate teológico sobre la sanidad, que antes de producir fe en los oyentes, lo que hace es traer dudas e incredulidad.

Lo mejor es permitir que las Escrituras hablen por sí mismas:

"Y cuando llegó la noche, trajeron a Él muchos endemoniados; y con la palabra echó fuera a los demonios, y sanó a todos los enfermos."

Mateo 8:16

"Y saliendo Jesús, vio una gran multitud, y tuvo compasión de ellos, y sanó a los que de ellos estaban enfermos."

Mateo 14:14

"Cuando le conocieron los hombres de aquel lugar, enviaron noticia por toda aquella tierra alrededor, y trajeron a Él todos los enfermos; y le rogaban que les dejase tocar solamente el borde de su manto; y todos los que lo tocaron, quedaron sanos."

Mateo 14:35,36

"Y se le acercó mucha gente que traía consigo a cojos, ciegos, mudos, mancos, y otros muchos enfermos; y los pusieron a los pies de Jesús, y los sanó."

Mateo 15:30

"Y dijo a sus discípulos que le tuviesen siempre lista la barca, a causa del gentío, para que no le oprimiesen. Porque había sanado a muchos; de manera que por tocarle, cuantos tenían plagas caían sobre É."

Marcos 3:9,10

"Y toda la gente procuraba tocarle, porque poder salía de Él y sanaba a todos."

Lucas 6:19

"Y cuando la gente lo supo, le siguió; y Él los recibió, y les hablaba del reino de Dios, y sanaba a los que necesitaban ser curados."

Lucas 9:11

En todos estos versos hay un factor común. Todos los que se acercaron a Jesús y lo tocaron, o permitieron ser tocados por Él, fueron sanados. ¿Cuántos en su tiempo que pudieron ser sanados no lo fueron por incredulidad, por cinismo, o porque quizás su sistema doctrinal no se le permitía?

No hay nada nuevo bajo el sol. Todos los que en el día presente se acerquen a Jesús con la misma actitud que se acercaron las multitudes y los individuos en los evangelios, pueden ser sanados en la misma forma. La pregunta no debe ser, ¿Quiere Jesús sanar a todos? Mas bien debería ser, ¿Quieren ser todos sanados por Jesús?

Una Comisión Para Todos los Tiempos

Si prestamos atención a ciertas tradiciones religiosas y a las enseñanzas dispensacionalistas de ciertas denominaciones y seminarios teológicos, llegaríamos a concluir que el ministerio de sanidad de Jesús terminó con la muerte de los apóstoles de la iglesia primitiva. No es de extrañar que en círculos religiosos donde esta enseñanza es prevaleciente los enfermos no se sanen.

Nunca fue la intención de Jesús tener una iglesia donde no se manifestara el poder de sanidad. Si la sanidad ocupó parte considerable del ministerio de Jesús, hoy Él espera que nosotros le demos la importancia que tiene.

De acuerdo a lo que leemos en los evangelios Jesús nunca llamó a nadie a predicar sin darle el poder y la autoridad para echar fuera demonios y para sanar a los enfermos. Desde muy temprano en su ministerio Jesús se aseguró que aquellos que Él llamó al ministerio tuvieran la autoridad para sanar enfermos. Un ejemplo de esto lo encontramos en Marcos 3:13-15.

"Después subió al monte, y llamó a sí a los que Él quiso; y vinieron a Él. Y estableció a doce, para que estuviesen con Él, y para enviarlos a predicar, y que tuviesen autoridad para sanar enfermedades y para echar fuera demonios."

Ya vimos en párrafos anteriores que esta misma autoridad le fue dada a los setenta. Esto echa por el suelo el argumento que el ministerio de sanidad era solo para Jesús y los 12 apóstoles. Los Setenta que Jesús envió a predicar y a sanar en el capítulo 10 de Lucas no son diferentes a ningún creyente de la actualidad.

Jesús dejó establecido muy claro en Marcos 16 que estas señales seguirían a los que creen, y una de estas señales es, *"pondrán las manos sobre los enfermos, y sanarán"* (Marcos 16:18). Si alguien dice que esto no es para hoy, tendríamos que por obligación llegar a la conclusión que tampoco es para hoy lo que Jesús dijo antes de esta promesa: *"Id por todo el mundo y predicad el evangelio a toda criatura"* (Marcos 16:15).

Jesús nunca estableció límites en cuanto a tiempo y espacio en referencia a esta parte de la Gran Comisión. Los creyentes del libro de los Hechos lo entendieron así. Por eso dondequiera que fueron replicaron las obras de Jesús en obediencia a las palabras que habían oído de Jesús: *"De cierto, de cierto os digo: El que en Mí cree, las obras que yo hago, él las hará también; y aun mayores hará, porque yo voy al Padre"* (Juan 14:12).

Esta promesa es tan válida hoy como lo fue en los tiempos de Pedro y Pablo. Ninguna iglesia o seminario bíblico tiene el derecho a cambiar lo que Jesús dejó clara y definidamente establecido en Su Palabra. Nunca permitamos que el racionalismo teológico y la incredulidad nos impida recibir las bendiciones que Jesús tiene hoy para su pueblo.

No olvidemos que Dios no ha cambiado, Jesús es el mismo de ayer, hoy tenemos el mismo Espíritu Santo que estaba en Jesús y en los apóstoles; y por lo tanto la iglesia sigue siendo la misma. Las instrucciones que Santiago nos da en su carta son las palabras de Jesús para cada iglesia y creyente que las quiera recibir:

"¿Está alguno enfermo entre vosotros? Llame a los ancianos de la iglesia, y oren por él, ungiéndole con aceite en el nombre del Señor. Y la oración de fe salvará al enfermo, y el Señor lo levantará; y si hubiere cometido pecados, le serán perdonados."
Santiago 5:14,15

Como Jesús es el mismo de ayer, Él está hoy en medio de su iglesia haciendo lo mismo que hacía cuando estaba en la tierra. Su voluntad no ha cambiado respecto a la sanidad de su pueblo. Dos mil años atrás el Sanador vino en persona, hoy en día el Sanador se manifiesta en nuestros medios por el poder del Espíritu Santo. Creamos lo que dice la Palabra: *"Porque donde están dos o tres congregados en mi nombre, allí yo estoy en medio de ellos"* (Mateo 18:20).

Si podemos creer que Jesús está en medio de su pueblo para salvar y perdonar pecados; también podemos creer que el Sanador está en medio de su Iglesia para sanar toda enfermedad y dolencia, en la misma forma que lo hizo en Judea y Galilea.

Amigo lector, posiblemente tú has recibido a Jesús como el Salvador de tus pecados. ¿Por qué no lo recibes también como el sanador de tus dolencias y enfermedades? Si estás enfermo, ahora mismo permite que Jesús te toque porque **Él es Jesús Tu Sanador**.

Pensamiento Bíblico

Jesús te dice hoy: "Puedes confiar en Mí para tu sanidad porque Yo soy el mismo ayer, y hoy, y por los siglos".

Capítulo 5

POR SU LLAGA FUIMOS CURADOS

La salvación que hemos recibido de Dios al creer en Jesús es una salvación completa que incluye todo nuestro ser; espíritu, alma y cuerpo. Uno de los argumentos más usados en contra de la sanidad divina es que el cuerpo no ha sido redimido totalmente por medio del sacrificio de Jesús.

Sería inconcebible que Dios hiciera provisión para el espíritu y el alma, y no tomara en cuenta el cuerpo del hombre. Entender la función del cuerpo es necesario para poder recibir la provisión de sanidad que Dios ha hecho para el mismo.

¿Qué es la redención y qué ofrece? Por medio de la redención el hombre puede recapturar todo lo que Adán perdió el día que pecó contra Dios. Antes de Adán pecar, él disfrutaba de la bendición de un cuerpo completamente sano. Era por medio de este cuerpo que él podía manifestar la vida que Dios había depositado en su espíritu. Es del conocimiento de todos, que mientras Adán vivió en obediencia a la vida divina que había en su espíritu, su mente funcionaba a toda capacidad y poseía un cuerpo saludable.

Si aceptamos que la salvación afecta el espíritu y el alma de la persona, ¿porqué no aceptar a la misma vez que el cuerpo también recibirá los mismos beneficios? Yo creo que la Biblia presenta una salvación completa e integral que incluye salvación del espíritu, renovación de la mente, y sanidad del cuerpo. No son tres salvaciones, es una sola salvación con diferentes manifestaciones.

Espíritu Alma y Cuerpo

"Y el mismo Dios de paz os santifique por completo; y todo vuestro ser, espíritu, alma y cuerpo, sea guardado irreprensible para la venida de nuestro Señor Jesucristo."

1 Tesalonicenses 5:23

El hombre al igual que Dios es un ser trino o tripartita. Debemos recordar que antes que el hombre tuviera espíritu y alma, tenía cuerpo. Los que creemos la Biblia sabemos que Dios hizo el cuerpo del hombre del polvo de la tierra. A diferencia del resto de la creación que surgió como consecuencia de la Palabra que Dios dijo; la Biblia dice lo siguiente sobre la creación del primer hombre:

"Entonces Jehová Dios formó al hombre del polvo de la tierra, y sopló en su nariz aliento de vida, y fue el hombre un ser viviente."

Génesis 2:7

Para mí no es difícil creer que el mismo Dios que creó el primer cuerpo humano pueda sanarlo de cualquier enfermedad. Nadie esta más cualificado para arreglar un aparato eléctrico que el que lo inventó. En la misma forma nadie mejor que Dios puede reparar el cuerpo humano sanándolo.

El diseño original de Dios era un cuerpo fuerte y saludable, que pudiera funcionar propiamente con el espíritu y la mente de Dios. En el momento que Dios sopló su espíritu en aquel muñeco de barro, la vida de Dios se metió en cada célula y fibra de ese cuerpo y lo vivificó con la capacidad de durar para siempre.

Es de suma importancia que comprendamos que no es el cuerpo lo que sostiene al espíritu, sino el espíritu al cuerpo. Nuestra preocupación mayor no debe ser entonces con el cuerpo. Si arreglamos nuestra parte espiritual, será mucho más fácil arreglar la física.

El Apóstol Pablo nos dice que el plan de Dios para el hombre no ha cambiado. La escritura que aparece al principio de esta sección afirma como todo nuestro ser puede ser guardado para la venida de Jesucristo. Pablo no dijo que solo nuestro espíritu y nuestra alma deben ser guardados, él incluyo también el cuerpo. Algunos argumentan que Pablo solamente está hablando de la santificación del cuerpo, y no de sanidad. No podemos olvidar que en muchos casos la santificación es un pre-requisito a la sanidad

¿Qué seguridad tengo yo que Dios pueda y quiera mantenerme sano en espíritu, alma y cuerpo? La escritura que estamos considerando nos dice que el mismo Dios lo hará. ¿Sería mucho esperar que el mismo Dios que le dotó a Adán con un espíritu, alma y cuerpo sin pecado y enfermedad; también nos inunde a nosotros con el poder de su vida, de forma que podamos experimentar de salud completa en cada parte de nuestro ser?

En mi caso particular yo he decidido creer la Palabra de Dios antes que mis síntomas y debilidades. El próximo verso nos da fe para creer que Dios puede hacerlo: *"Fiel es el que os llama, El cual también lo hará"* (1 Tesalonicenses 5:23). ¿Te atreves creer esta promesota? ¡Aleluya! ¡Gloria a Dios!

Tu Cuerpo fue Comprado por Precio.

Dios mira al hombre como un ser integral, no como tres partes separadas. Es por eso que la redención del hombre por Jesús en la cruz abarca al ser humano en su totalidad. Aunque en esta vida no disfrutemos a cabalidad de todos los beneficios de la redención como la inmortalidad del cuerpo y una mente libre de dudas y preocupaciones, podemos por lo menos disfrutar aquellas bendiciones que están prometidas en la Palabra.

Podemos creer en la sanidad del cuerpo porque la Biblia nos asegura que el mismo fue redimido por la sangre de Jesús. En uno de los capítulos en que Pablo habla sobre la necesidad de la santificación del cuerpo él dice:

"O ignoráis que vuestro cuerpo es templo del Espíritu Santo, el cual está en vosotros, el cual tenéis de Dios y que no sois vuestros? Porque habéis sido comprados por precio; glorificad, pues a Dios en vuestro cuerpo y en vuestro espíritu, los cuales son de Dios."

1 Corintios 6:19,20

Si nuestro cuerpo es el lugar de la morada del Espíritu Santo y el instrumento para manifestar la gloria de Dios; ¿no sería razonable pensar que Dios lo quiera mantener sano para rendirle un mejor servicio a Él?

El derramamiento de la sangre de Cristo en la cruz pagó el precio completo para la redención de todo tu ser. Tu cuerpo fue redimido (comprado) de la autoridad y poder de Satanás. Decir que nuestro cuerpo no fue totalmente redimido, equivale a decir que Dios compró dos partes de nuestro ser (espíritu y alma) y le dejó la otra (el cuerpo) a Satanás para que él la siga controlando.

Las palabras de Pablo son absolutas en este sentido. El cuerpo y el espíritu son propiedad de Dios porque ambos fueron comprados por precio. Podemos decir sin temor a exagerar que la sangre de Cristo pagó el precio para liberarme del pecado que había en mi espíritu; como también de la enfermedad que había en mi cuerpo antes ser salvo, o la que me pueda atacar ahora que soy redimido.

Glorificando a Dios con el Cuerpo

Hay una verdad que revolucionó mi vida desde que la escuché por primera vez en la década de los setenta. *"Pero el cuerpo no es para la fornicación, sino para el Señor, y el Señor para el cuerpo"* (1 Corintios 6:13). La razón más poderosa para yo no entregar mi cuerpo a ningún tipo de inmoralidad sexual es que **mi cuerpo es del Señor, es para el Señor, y el Señor es para el cuerpo.**

Si sé que mi cuerpo es del Señor Jesús, se lo debo consagrar a Él, y entonces puedo esperar que el Señor se dé a mi cuerpo. Si Jesucristo tiene mi cuerpo, será más fácil para Él sanarlo y mantenerlo fuerte para que yo le siga sirviendo con todas las fuerzas de mi cuerpo. ¿De que otra forma voy a poder cumplir el primer mandamiento de todos?

"Y amarás al Señor tu Dios con todo tu corazón, y con toda tu alma, y con toda tu mente y con <u>todas tus fuerzas</u>. Este es el principal mandamiento."

Marcos 12:30

Hay una enseñanza prevaleciente en ciertos círculos religiosos la cual es totalmente falsa y diabólica. El argumento es que como mi cuerpo no ha sido redimido puedo cometer cualquier pecado con mi cuerpo, y en ninguna forma mi espíritu será afectado.

Lo que se le ha olvidado a tales personas son las palabras de 1 Corintios 6:15; *"¿No sabéis que vuestros cuerpos son miembros de Cristo?"*

No creo que sea la voluntad de Jesús que ninguno de sus miembros esté enfermo y menos en pecado. Mi cuerpo al igual que mi espíritu es parte de Cristo. Por lo tanto no debo presentarlo como instrumento para el pecado. ¿No será esta una de las razones por las cuales hay tanta enfermedad en tantos llamados cristianos?

Hay una promesa para aquellos que le dan su cuerpo al Señor Jesús y permiten que Él sea el Señor y dueño de sus cuerpos. Pablo nos dice: *"Y Dios, que levantó al Señor, también a nosotros nos levantará con su poder"* (1 Corintios 6:14). Esto no se refiere a la resurrección del cuerpo, sino a la vida (sanidad) que Jesús le dará a los cuerpos de aquellos cristianos que se separan del pecado y glorifican a Dios en sus cuerpos.

¿Llevó Jesús Mis enfermedades?

¿Quién ha creído a nuestro anuncio? ¿y sobre quién se ha manifestado el brazo de Jehová?

Subirá cual renuevo delante de Él, y como raíz de tierra seca; no hay parecer en Él, ni hermosura; le veremos, mas sin atractivo para que le deseemos.

Despreciado y desechado entre los hombres, varón de dolores, experimentado en quebranto; y como que escondimos de Él el rostro, fue menospreciado, y no lo estimamos.

Ciertamente llevó Él nuestras enfermedades, y sufrió nuestros dolores; y nosotros le tuvimos por azotado de Dios y abatido.

Mas Él herido fue por nuestras rebeliones, molido por nuestros pecados; el castigo de nuestra paz fue sobre Él, y por su llaga fuimos nosotros curados.
Isaías 53:1-5

La seguridad mayor para la sanidad de los hombres está en el sacrificio expiatorio de Cristo en la cruz. Una de las tácticas favoritas de Satanás ha sido negar la realidad bíblica de que la sanidad es una de las bendiciones que fluyen de la cruz del Calvario. Hasta que establezcamos bien claro en nuestra mente que la sanidad, al igual que el perdón de pecados, fue comprada por Jesús en la cruz; no tendremos una base escritural firme para creer por la sanidad.

El capítulo 53 de Isaías es uno de las porciones más poderosas de la Biblia porque describe fielmente los sufrimientos y la muerte del Mesías. Es maravilloso ver como el Espíritu Santo inspiró al profeta Isaías para pintarnos un cuadro tan exacto acerca de la muerte de Jesús. Desde el comienzo del capítulo la profecía describe al Mesías clavado en la cruz.

Algunos han interpretado erróneamente el versículo dos y han dicho que Jesús era una persona sin ningún atractivo físico. La frase *"le veremos mas sin atractivo para que le deseemos"* habla de la desfiguración física que tuvo Jesucristo en la cruz como resultado del maltrato físico y emocional que recibió antes y durante la crucifixión.

Si alguna profecía del Antiguo Testamento prueba sin lugar a dudas que en la cruz, no solo Jesús llevó los pecados de la humanidad, sino también sus enfermedades, es Isaías 53. Podemos decir que es el pasaje clásico de la sanidad. No importa cuantos maestros y predicadores han querido demostrar que la única sanidad que hay en este capítulo es espiritual, una exégesis gramatical honesta del texto prueba todo lo contrario.

La mejor forma de interpretar la Biblia es usando la misma Biblia. Déjame citarte las otras dos escrituras del Nuevo Testamento que confirman lo que dijo Isaías:

"Y cuando llegó la noche, trajeron a Él muchos endemoniados; y con la palabra echó fuera los demonios, y sanó a todos los enfermos; para que se cumpliese lo dicho por el profeta Isaías cuando dijo: Él mismo tomó nuestras enfermedades y llevó nuestras dolencias."

Mateo 8:16,17

"Quien llevó Él mismo nuestros pecados en su cuerpo sobre el madero, para que nosotros, estando muertos a los pecados, vivamos a la justicia; y por cuya herida fuisteis sanados."

1 Pedro 2:24

Ambas escrituras mencionadas arriba son referencias de la profecía de Isaías 53. La primera aplica la profecía de Isaías antes de Jesús morir en la cruz para referirse a las sanidades que Jesús estaba haciendo durante su ministerio terrenal. La pregunta podría surgir en la mente de los lectores, ¿por qué Mateo aplica una profecía que aun no se había cumplido?

Prefiero contestar esta pregunta haciendo otra pregunta, ¿por qué Jesús anduvo perdonando pecados antes de derramar su sangre en la cruz? Con el mismo derecho que Jesús perdonó pecados en su ministerio a base de su muerte futura en la cruz, también sanó los enfermos.

La segunda escritura de 1 Pedro 2:24 se refiere claramente a la muerte de Jesús en la cruz. Aquí al igual que en Isaías 53 se afirma el hecho de las dos bendiciones del Calvario: perdón de pecados y sanidad de enfermedades. Después de haber estudiado Isaías 53, como vamos a hacer luego, es imposible llegar a la conclusión que la frase *"y por cuya herida fuisteis sanados"* se refiera a sanidad espiritual.

Cuando Pedro escribió este verso él estaba citando lo que está muy claro en el contexto de Isaías 53; Jesús llevó mis pecados en la cruz, pero también llevó mis enfermedades. Sin forzar la interpretación de 1 Pedro 2:24 podemos decir que la razón por la cual fui sano por su herida es porque Jesús llevó los pecados que directa o indirectamente causaron la enfermedad.

¿Sanidad en la Llaga de Jesús?

Regresemos una vez más al capítulo 53 de Isaías para considerar unos cuantos puntos de gran importancia para asegurar nuestra fe en el sacrifico de Jesús. No es necesario ser teólogo ni saber el idioma Hebreo para entender que Isaías 53 habla tanto del perdón de pecados como de la sanidad del cuerpo. ¿Cómo es posible negar la sanidad física en Isaías 53 cuando el capítulo la menciona tantas veces como la sanidad espiritual?

Tres veces el capítulo habla de como Jesús fue enfermado en la cruz. La frase *"experimentado en quebranto"* del verso 3 significa literalmente en el Hebreo *"experimentado en enfermedad"*. El verso cuatro dice: *"Ciertamente llevó Él nuestras enfermedades"*. Si leemos el verso 10 en el Hebreo descubriremos que dice: *"Con todo eso, Jehová quiso quebrantarlo, sujetándolo a enfermedad"*.

Los dos versos más poderosos de sanidad divina son los versos cuatro y cinco. El escritor no dejó ningún lugar a dudas sobre lo que el Espíritu Santo le estaba inspirando a escribir. Para asegurarse que no fuera mal interpretado empezó el verso 4 con la palabra **"ciertamente"**.

Notarás que todos los tiempos verbales están en el pasado. ¿Por qué? Recuerda que Jesús es el Cordero de Dios inmolado desde antes de la fundación del mundo y el Espíritu Santo está hablando desde esta perspectiva.

Los versos cuatro y cinco de Isaías 53 lo que hacen es describir la obra de substitución de Jesús. Jesús fue nuestro sustituto en la cruz y como tal cargó tanto nuestros pecados como nuestras enfermedades.

Ambas realidades son incluidas en estos dos versos. Es interesante que comienza con la realidad de la sanidad del cuerpo, *"Ciertamente llevó el nuestras enfermedades y sufrió nuestros dolores"*. El verso cinco termina con la tremenda verdad espiritual, *"Y por su llaga fuimos nosotros curados"*.

Creyendo el Anuncio de Sanidad

Si algo te va a ayudar a vivir en salud divina es esta promesa del verso cinco de Isaías 53. Si las palabras significan lo que dicen, entonces la sanidad de cada creyente es un asunto asegurado hace casi dos mil años atrás. Desde el punto de vista de Dios todos los creyentes están sanados potencialmente en la misma forma que todos los pecadores están salvos potencialmente. Ni la salvación ni la sanidad se recibe automáticamente por razón de que está asegurada en Isaías 53. Queda ahora de parte del pecador actuar en fe para recibir la salvación, y de parte del enfermo para recibir su sanidad.

¿Si esto es así, por qué entonces hay tantos creyentes cargando las enfermedades que Jesús ya cargó en la cruz? El Espíritu Santo sabía que esto iba a acontecer. Por eso empezó el capítulo 53 de Isaías con una pregunta: *¿Quién ha creído a nuestro anuncio?*

¿Cómo van a creer el anuncio si los predicadores que son los mensajeros del mismo insisten en enseñar solo la mitad del anuncio? Esa es la razón por la cual en tantos creyentes no *se ha manifestado el brazo de Jehová* para sanidad.

No importa las interpretaciones que traten de negar la realidad de que **"por su herida fui curado"**, el testimonio de millares de creyentes que han recibido sanidad creyendo Isaías 53:4,5 demuestra lo contrario. Con solo una persona que haya sido sanada creyendo Isaías 53:4 sería suficiente para probar que la realidad *"Por su llaga fuimos curados"* es para todos los que creen el anuncio.

Tenemos que hacer una decisión de peso; ¿o le creemos a los hombres o le creemos a Dios. Yo no tengo que pensarlo dos veces, porque hace mucho tiempo que decidí pedir y recibir de Dios todo aquello que Él ha prometido para mí en su Palabra.

Mirando a la Serpiente

"Y Jehová dijo a Moisés: Hazte una serpiente ardiente, y ponla sobre una asta; y cualquiera que fuere mordido y mirare a ella, vivirá."
Números 21:8

"Y como Moisés levantó la serpiente en el desierto, así es necesario que el Hijo del Hombre sea levantado, para que todo aquel que en Él cree, no se pierda, mas tenga vida eterna."
Juan 3:14,15

En la tipología bíblica la serpiente siempre representa a Satanás. Solo una vez en la Biblia se usa la serpiente para referirse a nuestro Señor Jesucristo. Jesús usó la historia de la serpiente de bronce que

Moisés preparó en el desierto para hablar de cómo Él sería levantado en una cruz para salvar la humanidad.

Como consecuencia de que los israelitas en el desierto murmuraron contra Jehová y contra Moisés, el libro de Números nos relata: *"Y Jehová envió entre el pueblo serpientes ardientes, que mordían al pueblo, y murió mucho pueblo de Israel"* (Números 21:6). Aquí vemos como el pecado siempre causa la actividad de la serpiente antigua.

El pecado y la rebelión es como un imán que atrae automáticamente la presencia y obra de Satanás. En la misma forma que serpientes fueron soltadas en el desierto cuando el pueblo pecó contra Dios, desde la rebelión de Adán contra la Palabra de Dios, la serpiente Satanás ha estado mordiendo la humanidad y causando pecado, enfermedad y muerte.

¿Por qué la serpiente de bronce es un tipo de Cristo levantado en la cruz? Jesús en la cruz tomó en sí mismo la naturaleza de la serpiente (la naturaleza de pecado).

Aunque sabemos que El nunca hizo pecado, la Biblia dice: *"Al que no conoció pecado, por nosotros lo hizo pecado, para que nosotros fuésemos hechos justicia de Dios en Él"* (2 Corintios 5:21). No es que Jesús meramente llevó nuestros actos de pecado, su naturaleza humana (no la divina) fue identificada totalmente con la naturaleza pecaminosa del hombre.

Dios le dijo a Moisés que preparara una serpiente de bronce para tratar con la plaga de mortandad que se había desatado en el campamento. Cada vez que alguien era mordido y miraba la serpiente, quedaba sano. Al mirar la figura exacta de la misma serpiente que lo había mordido, la persona se libraba de una muerte segura.

Jesús en la cruz tomó en Él la figura de la serpiente al hacerse pecado. No es que Jesús se hizo serpiente, pero sí se identificó con su naturaleza. Él fue levantado como la serpiente, para que todos aquellos que han sido mordidos por la serpiente satánica puedan recibir vida. Por eso Juan añade: *"Para que todo aquel que en Él cree, no se pierda, mas tenga vida eterna"* (Juan 3:15).

Ahora la decisión está en las manos de cada pecador y cada enfermo, de mirar a Cristo en la cruz para recibir su liberación, la cual ya hemos dicho que incluye tanto salvación como sanidad. Podemos decir que el Israelita que miró la serpiente en el desierto recibió ambos beneficios; quedó sanó de la mordedura de la serpiente, y fue salvo de una muerte segura.

Hoy también todos los que miramos a Cristo en la cruz podemos ser salvos de la muerte espiritual, y podemos a la misma vez ser sanados de toda enfermedad que es el resultado de ser mordido por la serpiente antigua.

Redimidos de la Maldición

"Cristo nos redimió de la maldición de la ley, hecho por nosotros maldición (porque está escrito: Maldito todo el que es colgado en un madero)."
Gálatas 3:13

Una de los misterios de la Biblia es cómo Jesús se hizo pecado y como consecuencia fue declarado maldito por la misma ley de Dios, porque *"maldito es todo el que es colgado en un madero"* (Deuteronomio 21:23). Fue por medio de su maldición que hoy podemos recibir la bendición. Muchas veces creemos que el dolor peor que Jesús experimentó fue el dolor físico de los azotes y los clavos. El dolor mayor de Jesús fue el sufrimiento espiritual y emocional.

Fue como resultado de Jesús tomar todo el pecado de la raza humana que llegó el momento cuando su mismo Padre lo abandonó. La máxima paga del pecado es la separación de Dios. Maldición no es otra cosa que separación de Dios y sus bendiciones. Tanto el pecado como la enfermedad son parte de esta maldición.

La razón por la cual Jesús llevó en el madero tanto mi pecado como mis enfermedades, fue porque Él estaba bajo la maldición de la ley. No es un error teológico decir que en la cruz Jesús se sintió totalmente perdido. Por eso una de sus expresiones en la cruz fue: *"Dios mío, Dios mío, ¿por qué me has desamparado?"* (Marcos 15:34).

De acuerdo a Deuteronomio 28 las enfermedades son parte de la maldición de la ley. Toda persona que no pudiera cumplir la ley a cabalidad estaba expuesto a todas esas maldiciones. Gloria Dios que en la cruz fue clavada toda el acta de los decretos que había en contra mía (Colosenses 2:14). Por la fe en el sacrifico perfecto de Jesús y en su sangre, yo puedo salir de la maldición.

Hasta tanto veamos la enfermedad tal como es, la maldición que es resultado de haber sido contaminado por el veneno de la serpiente antigua; no podremos ser libres de ella. ¿Por qué seguir viviendo bajo una maldición que ya Jesús llevó, cuando la bendición está disponible?

Esto tú tienes que saberlo y apropiarlo por medio de la fe en la Palabra de Dios. No esperes que el diablo te diga que tú estás redimido. Te toca a ti decírselo a él. Aunque es ilegal que Satanás enferme a un redimido de Jehová, él lo continúa haciendo. Créele a Dios que estás redimido de la maldición de la ley, y empieza a caminar en la bendición de la sanidad. Recuerda que esta redención fue sellada por la sangre preciosa del Hijo de Dios, el Señor Jesucristo.

Cristo, Nuestra Pascua

Estudiamos en un capítulo anterior la primera celebración de la Pascua por el pueblo de Israel la noche antes de salir de Egipto (Éxodo 12:1-28). Vimos como Jehová Dios mandó a Moisés que ordenara a los israelitas que tomaran un cordero por familia y lo sacrificaran con dos propósitos. La sangre tenía que ser puesta sobre los dinteles de las puertas, para evitar que el ángel que pasaría esa noche dando muerte a los primogénitos entrara a las moradas de los hebreos. Por medio de la sangre serían redimidos de la muerte.

El segundo propósito del cordero era para que los hebreos comieran toda su carne, y fueran sanados y fortalecidos antes de su largo viaje por el desierto.

Esta celebración se instituyó en Israel como un recordatorio de la noche que Jehová Dios los libertó de la esclavitud en Egipto. A esto se le llama la Pascua, que es un tipo del sacrificio de Cristo en la cruz. Por esta razón no fue coincidencia que Jesús fue crucificado durante el tiempo de la Pascua. El propósito de la Pascua que empezó en Egipto no era otra cosa que señalar a la **Verdadera Pascua** que sucedería miles de años más tarde.

Pablo, por inspiración del Espíritu Santo, nos dice: *"Porque nuestra pascua, que es Cristo, ya fue sacrificada por nosotros"* (1 Corintios 5:7). Recordemos que las cosas del Antiguo Testamento eran sombra de las cosas que habrían de venir cuando el Mesías se manifestara. De acuerdo a las Escrituras, Jesús es el Cordero de Dios que quita el pecado del mundo.

Desde el momento que el verdadero Cordero de Dios fue inmolado en la cruz, ya no es necesario ofrecer otros corderos. Por lo tanto, la Pascua judía con la inmolación de corderos perdió su valor. El **Cordero del Calvario** tomó el lugar del cordero pascual y ahora podemos celebrar la **Verdadera Pascua que es Jesucristo**. ¿Cómo celebramos ahora esta **Nueva Pascua**?

¿Qué Significa la Santa Cena?

Cada semana millones de cristianos alrededor del mundo son partícipes en sus iglesias de lo que se conoce como **Santa Comunión** o **Santa Cena**. En otros sectores del cristianismo se le conoce como la **Eucaristía**.

En la misma forma que con el correr de los años la Pascua perdió su significación para el pueblo de Israel, y se quedaron solo con un ritual, así ha pasado en la mayor parte de las iglesias que se llaman evangélicas. Se les ha olvidado que de acuerdo a las Escrituras, comer el pan y beber la copa en la Santa Cena es mucho más que un rito u ordenanza de recordar la muerte de Jesús.

Veamos el paralelismo entre la Pascua judía y la Santa Cena cristiana. La primera Pascua celebrada en Egipto corresponde al sacrificio de Cristo en la cruz. Todas las demás pascuas que los judíos celebraban eran un recordatorio de esa primera Pascua. Aun así, cada vez que celebraran la Pascua podían recibir los mismos beneficios que recibió Israel la primera noche que la celebraron en Egipto.

Si aquella noche fueron libertados y sanados por la carne y la sangre del cordero, cada vez que lo hicieran con fe podían recibir las mismas bendiciones. Si la Pascua no hubiera perdido su significado, Jesús no habría encontrado tantos enfermos en el pueblo de Israel.

La Santa Cena fue instituida por Cristo con el mismo propósito que se había instituido la Pascua. Aunque el sacrificio de Cristo no se repite, cada vez que un creyente es partícipe del mismo en el presente, puede recibir las bendiciones que Jesús compró para nosotros con su sacrifico perfecto. Consideremos lo que el Apóstol Pablo dijo acerca de la Santa Cena:

> *"Porque yo recibí del Señor lo que también os he enseñado: Que el Señor Jesús, la noche que fue entregado, tomó pan, y habiendo dado gracias lo partió y dijo: Tomad, comed; esto es mi cuerpo que por vosotros es partido; haced esto en memoria de Mí. Asimismo tomó también la copa después de haber cenado, diciendo: Esta copa es el nuevo pacto en mi sangre; haced esto todas las veces que la bebiereis, en memoria de Mí. Así pues todas las veces que comiereis este pan, y bebiereis esta copa, la muerte del Señor anunciáis hasta que Él venga."*

1 Corintios 11:23-26

Hay dos frases que son fundamentales para entender la importancia de la Santa Cena: *"en memoria de Mí"* y *"la muerte del Señor anunciáis hasta que Él venga"*. Cada vez que comemos el pan y bebemos el fruto de la vid durante la Santa Cena debemos recordar todo lo que Jesús compró para nosotros con su sacrificio. ¿Qué significa anunciar la muerte del Señor? Si tú comes la carne del Cordero con fe (el pan) y recibes Su sangre (el fruto de la vid), puedes recibir todos los beneficios de la muerte de Cristo.

Como ahora Cristo es nuestra pascua, entonces su carne corresponde a la carne del cordero pascual, y su sangre corresponde a la sangre que fue puesta en los dinteles de las puertas para hacer huir al ángel de la muerte.

El comer la Santa Cena es una celebración de vida y sanidad. Cada vez que bebemos la sangre (la copa) somos limpios de toda mancha de pecado en nuestras conciencias, no porque el jugo de la uva tenga algún poder, sino porque por la fe activamos el poder de la sangre al recordar la muerte de Jesús. Debemos tomar la copa sabiendo que recibiremos vida, y le recordamos a Satanás que ya no puede entrar más a nuestra morada (espíritu, alma y cuerpo).

Sanidad en la Santa Cena

Una de las razones por las cuales hay tantos enfermos entre cristianos que están siendo partícipes de la Santa Cena es que no han discernido el pedazo de pan que se comen. Pablo afirmó esto al decirle a los Corintios: *"Porque el que come y bebe indignamente, sin discernir el cuerpo del Señor, juicio come y bebe para sí. Por lo cual hay muchos enfermos y debilitados entre vosotros, y muchos duermen"* (1 Corintios 11:29,30).

No podemos negar que los cristianos han discernido mejor la sangre que el cuerpo de Cristo cuando toman la Santa Cena. Esto es resultado de la falsa doctrina que ha negado el hecho de que el cuerpo de Cristo fue molido por nuestras enfermedades, al igual que la sangre fue derramada para remisión de pecados.

Cada servicio de Santa Cena debe ser un servicio de sanidad. Si la iglesia le hubiera enseñado a sus miembros la realidad de la sanidad en la Santa Cena, hubieran menos enfermos en nuestras congregaciones. Y pensar que de acuerdo a las palabras de Pablo muchos han muerto antes de su tiempo por ignorar esta gran bendición de sanidad en la Santa Cena.

El evangelista de sanidad divina, T.L. Osborn dijo una vez lo siguiente hablando en esta misma línea de pensamiento: *"Sería mejor que a los cristianos le sirvieran solamente el jugo de uva en la Santa Cena y se olvidaran del pan, porque de lo único que se habla en los cultos de Santa Cena es del perdón de pecados sin enfatizar la sanidad del cuerpo"*.

Si el pueblo de Israel pudo recibir sanidad comiendo la carne de un cordero, ¿cuánto más podremos recibir nosotros comiendo la carne del verdadero Cordero de Dios, Jesucristo? Para mí la Santa Cena es una gloriosa oportunidad para visualizar el sacrificio de Cristo y recibir todos sus beneficios.

Las palabras de Jesús son más que suficientes para yo reclamar salud y sanidad en cada servicio de sanidad: *"Esto es mi cuerpo que por vosotros es dado"* (Lucas 22:19). Como su cuerpo fue partido y quebrantado, el mío puede ser sanado y restaurado. Estas son gloriosas noticias para todos aquellos que se acercan a la **Mesa del Señor**. Recuerda que su muerte anuncia una doble salvación, salvación de pecados y sanidad de enfermedades.

Amigo lector, si estás enfermos y el médico te ha dicho que no hay remedio para tu caso. Cree esta palabra que he compartido contigo, y visualiza a Jesús en el poste del castigo siendo azotado por el verdugo romano con 39 azotes, y en la cruz sufriendo tus dolores y enfermedades. Recuerda que Cristo no sufrió por Él, todo lo que Él padeció fue por causa de que nos amó.

Cree de todo corazón esta parte del evangelio: *"y por su llaga fuimos nosotros curados"*. Grítale al diablo a la cara, que Jesús llevó tus enfermedades y sufrió tus dolores, y que por lo tanto es ilegal que él te siga atormentando con esa enfermedad. El precio completo fue pagado tanto por el perdón de tus pecados como por la sanidad de tus dolencias.

Sé Sano Ahora Mismo en el Nombre de Jesús.

Pensamiento Bíblico

"Él es quien perdona todas tus iniquidades, El que sana todas tus dolencias."

Salmo 103:3

Capítulo 6
LA COMPASIÓN DE JESÚS

Si algo movió a Jesús a sanar a los enfermos fue la compasión que Él tuvo hacia todos aquellos que estaban atormentados por enfermedades y por espíritus inmundos. Jesús nunca fue un obrador de milagros profesional que sanó a los enfermos por busca de fama o como algo rutinario en su ministerio. Era la profunda compasión que Él sentía hacia las almas sufrientes lo que siempre lo movió a sanar los enfermos.

No olvidemos que Jesús es la exacta representación del Padre. Él vino a esta tierra con el propósito de manifestar la compasión de su Padre Dios. En esta forma Jesús actuó siempre con compasión para cambiar la opinión equivocada que el mismo pueblo de Israel tenía acerca de Jehová Dios.

Parece que la gente no ha cambiado mucho, porque todavía hay todo un sistema religioso que el único Dios que conocen es uno que solo anda detrás de los seres humanos para castigarlos y darle golpes cuando se salen de línea.

Una de las verdades fundamentales de la Biblia es que Jehová Dios es un Dios bueno. El Antiguo Testamento está repleto de referencias a la bondad de

Dios. Aunque los comentaristas bíblicos han tratado de establecer una diferencia entre el carácter de las personas del Padre y del Hijo, la realidad bíblica es otra. Déjame darte algunas referencias acerca del carácter de Dios:

"Y pasando Jehová por delante de él, proclamó: ¡Jehová!, ¡Jehová! fuerte, misericordioso y piadoso; tardo para la ira, y grande en misericordia y verdad."

Éxodo 34:6

"Porque Jehová es bueno; para siempre es su misericordia."

Salmo 100:5

"Clemente y misericordioso es Jehová, lento para la ira, y grande en misericordia, Bueno es Jehová para con todos, y sus misericordias sobre todas sus obras."

Salmo 145:8,9

"¿O menosprecias las riquezas de Su benignidad, paciencia y longanimidad, ignorando que Su benignidad te guía al arrepentimiento."

Romanos 2:4

No creo que sea necesario entrar en debates teológicos para probar que Dios es esencialmente bueno. La prueba mayor de amor y bondad la tenemos en su máxima demostración de amor por la raza humana al enviar a su Hijo Jesús al mundo a buscar y a salvar lo que se había perdido. Toda persona que sepa Juan 3:16 debe saber sin una sombra de duda que Dios es bueno.

"Porque de tal manera amó Dios al mundo, que ha dado a su Hijo unigénito, para que todo aquel que en Él cree, no se pierda, mas tenga vida eterna."

La Fuerza de la Compasión

La palabra compasión es una palabra muy rica en significado tanto en el idioma hebreo como en el griego. La palabra en hebreo significa **"vientre"** y conlleva la idea del profundo y tierno amor que siente una madre por la criatura que carga en su vientre. No es raro ver a una mujer llenarse de emoción al recibir la noticia del médico de que ha estado cargando un feto en su vientre por las ultimas tres semanas.

Se establece un vínculo de amor entre esa mujer y esa criatura microscópica, y si por alguna razón la perdiera lloraría por la misma. Esta es la actitud de toda mujer normal, no de la que no tiene compasión y se le hace muy fácil provocarse un aborto para deshacerse de la criatura.

Esa es la misma compasión que siente Dios por sus criaturas, tanto salvas como no salvas. No podemos olvidar que todos salimos del vientre espiritual de Dios y somos muy preciosos a sus ojos. Con razón la Biblia dice: *"Como el Padre se compadece de sus hijos, se compadece Jehová de los que le temen"* (Salmo 103:13).

Aun cuando Dios tiene que castigar y juzgar a los hombres; nunca lo hace con espíritu vengativo o con una actitud sadista. Lo hace simplemente por que su justicia lo obliga a hacerlo, y si no lo hiciera dejaría de ser Dios.

La palabra compasión en el griego significa principalmente **"ser movido desde las entrañas"**. También abarca los significados de sentir simpatía y tener piedad. Jesús no simplemente tuvo compasión, de acuerdo a estas definiciones, Él fue movido a compasión desde lo más profundo de su ser. !Cómo nosotros necesitamos conocer ese amor y compasión que no sale de la cabeza, sino de lo más profundo de nuestro ser (nuestras entrañas)¡

Voy a tomarme el atrevimiento de hacer una nueva palabra en el idioma español, solo con el propósito de comunicarte el peso de lo que Jesús sentía hacia la humanidad oprimida por el pecado, la enfermedad y los demonios. Yo creo que cada vez que Jesús se enfrentaba al sufrimiento humano se **"desvientraba"**, o sea, se le salían las entrañas por la compasión que Él sentía. Era este tipo de compasión lo que hacía que Jesús tuviera un ministerio de sanidad tan exitoso.

Decir que ya Jesús no sana los enfermos equivale a decir que Él ha perdido esa compasión. La Palabra nos asegura lo siguiente: *"Porque no tenemos un Sumo Sacerdote que no pueda compadecerse de nuestras debilidades, sino uno que fue tentado en todo según nuestra semejanza, pero sin pecado"* (Hebreos 4:15).

La palabra **"compadecerse"** en este verso se puede traducir por **"tener simpatía"**. Hay otra posible traducción que es mi favorita: *"Porque no tenemos un Sumo Sacerdote que no pueda ser tocado con el sentir de nuestras debilidades"*.(Versión en Inglés King James Version)

Es interesante que la palabra **"debilidades"** se traduce en muchas ocasiones como **"enfermedades"**. Podemos decir entonces que hoy en día Jesús es tocado por el sentir de nuestras dolencias y enfermedades en la misma forma que lo fue en el tiempo que Él estuvo en la tierra.

La Compasión que Mueve a Jesús

"Y saliendo Jesús, vio una gran multitud, y tuvo compasión de ellos, y sanó a los que de ellos estaban enfermos."

Mateo 14:14

En esta ocasión Jesús se había apartado a un lugar desierto y aparte con el propósito de tomar un descanso. El hecho de que Herodes había dado muerte a su primo hermano Juan en alguna forma afectó a Jesús y por eso Él decidió apartarse por un tiempo de la actividad ministerial. No perdamos de vista que Jesús operó como un hombre y tenía sentimientos como cualquier otro ser humano.

Enseguida que la gente supo que Jesús se había ido a otro lugar, le siguieron. La gente solo piensa en su necesidad, no en la condición del que les ministra. Yo haría lo mismo si tuviera una necesidad espiritual o física. Si la gente sabe que el poder de Dios se mueve en la vida de un hombre, ellos van a seguirlo hasta cualquier lugar para suplir sus necesidades.

Jesús pudo muy bien razonar que Él necesitaba este descanso y que por la tanto no podía atender a nadie. Lo que hizo la diferencia es la compasión que había dentro de Él. En el momento que Jesús vio la gran multitud, sus entrañas de amor y compasión lo movieron a la acción. Fue la compasión que tuvo hacia esta multitud lo que hizo que sanara a los que de ellos estaban enfermos.

El evangelio de Marcos nos provee detalles adicionales sobre este incidente que no encontramos en Mateo. No solo Jesús estaba pensando en su descanso, sino en el descanso de sus discípulos quienes habían estado muy ocupados ministrando a las multitudes (Marcos 6:30). Aquí vemos la compasión de Jesús manifestada no solo para sanar los enfermos, sino para enseñar la Palabra.

"Y salió Jesús y vio una gran multitud, y tuvo compasión de ellos, porque eran como ovejas que no tenían pastor; y comenzó a enseñarles muchas cosas."

Marcos 6:34

Es bueno observar que Jesús es movido a compasión por cada área de la vida del ser humano. Eso explica la provisión milagrosa de comida que hizo para la multitud a la cual había enseñado y les había sanado sus enfermos.

¡Imagínate cómo Jesús era movido a compasión! Podemos decir que pasó sus vacaciones predicando, sanando y alimentando una multitud de cinco mil personas. Él no lo hizo por deber o para cuidar su imagen ministerial, lo hizo por la compasión que salía de sus entrañas. ¡Que tanto tenemos que aprender los predicadores modernos!

La Compasión Detiene a Jesús

Es evidente que la gente del tiempo de Jesús sabía que Él era un hombre de compasión. Esto lo prueba la infinidad de personas que acudieron a Jesús y apelaron a su compasión para suplir sus necesidades. Hay un relato en Mateo 20:29-34 que nos da a entender cómo la compasión detiene a Jesús.

"Al salir ellos de Jericó, le seguía una gran multitud. Y dos ciegos que estaban sentados junto al camino, cuando oyeron que Jesús pasaba, clamaron, diciendo: ¡Señor, Hijo de David, ten misericordia de nosotros! Y la gente les reprendía para que callasen; pero ellos clamaban más, diciendo: ¡Señor, Hijo de David, ten misericordia de nosotros!"

Estos dos ciegos no permitieron que la actitud de la gente los hiciera desistir de clamar al Señor para que atendiera su condición. A pesar de que la gente les quería hacer callar, ellos insistieron con más fuerza en pedirle a Jesús que tuviera compasión de ellos.

Si hay algo que este incidente prueba es la forma cómo la compasión siempre detiene a Jesús para sanar y liberar. La Palabra registra:

"Y deteniéndose Jesús, los llamó, y les dijo: ¿Qué queréis que os haga? Ellos le dijeron: Señor, que sean abiertos nuestros ojos. Entonces Jesús compadecido, les toco los ojos, y enseguida recibieron la vista; y le siguieron."

Como Jesús no ha cambiado, hoy también podemos detenerlo para que nos sane. No debemos permitir que la gravedad de la enfermedad o la oposición de la gente incrédula y religiosa nos impida hacerle una demanda a la compasión de Jesús. Si la fe puede mover la mano de Dios, la compasión siempre mueve el corazón de Jesús para acudir al clamor de aquellos que necesitan un milagro.

No sabemos cuantos enfermos había en aquella multitud que ese día seguía a Jesús. Quizá muchos por miedo u orgullo no se atrevieron gritarle al Señor, pero no así estos dos ciegos. Su fe en la compasión de Jesús y su determinación de seguir insistiendo hasta captar la atención del Maestro, hizo que ellos regresaran sanos a sus hogares cuando otros regresaron enfermos. Si tú apelas a la misericordia de Jesús hoy, lo podrás detener y tendrás un milagro.

La Compasión que dice: "Quiero"

"Vino a El un leproso, rogándole; e hincada la rodilla, le dijo: Si quieres, puedes limpiarme. Y Jesús, teniendo

misericordia de él, extendió la mano y le tocó, y le dijo: Quiero, sé limpio."

Marcos 1: 40,41

Creo que la mayor parte de las personas no tienen problemas creyendo en la habilidad de Jesús para sanar. Donde muchos tropiezan es en el asunto de si es la voluntad de Jesús sanar o no.

Este encuentro de Jesús con el leproso debe resolver de una vez y por todas cual es la actitud de Jesucristo ante aquellos que le piden ser sanados. El relato de Marcos nos da a entender que Jesús no lo pensó dos veces antes de contestarle al leproso. Su repuesta inmediata fue: *"Quiero, sé limpio"*

La razón principal que Marcos nos da para la rápida repuesta de Jesús fue: *"Y Jesús, teniendo misericordia de él le tocó"*. Esto nos asegura que Jesús siempre quiere sanar a los hombres por causa de su compasión o misericordia.

Si creemos que Jesús está siempre lleno de misericordia, tenemos que concluir que también Él siempre quiere sanan a los seres humanos. El decir que Jesús no quiera sanar a alguien equivaldría a decir que ya Él dejó de ser compasivo.

La compasión de Jesús siempre dice: *"Quiero"*. Posiblemente en muchas ocasiones nos pase lo mismo que al leproso. En sí él no estaba seguro de la disposición de Jesús para sanarle. Por eso le dijo: *"Si quieres, puedes limpiarme"*. Yo creo que hoy podemos llegar a donde Jesús con mayor seguridad que la que tenía este hombre.

Después de haber leído los cuatro evangelios y haber visto cómo Jesús sanó a todos los que vinieron a Él, podemos decirle: "Yo sé que tú quieres sanarme porque tú eres misericordioso". Recuerda esto y nunca más lo dudes; la compasión de Jesús siempre dice: **"Quiero, sé sano"**

Los Demonios no Resisten la Compasión de Jesús

Una de las fuerzas más poderosas para vencer a Satanás es el amor. Si hay algo que el diablo no puede imitar es el amor porque en él no lo hay. Jesús no solo demostró compasión hacia los enfermos, sino también a aquellos que estaban atormentados por demonios. Aunque sabemos que Él tenía el poder de Dios para echar fuera los demonios; junto con ese poder actuó la compasión. Siempre que unimos la compasión al poder los resultados serán mayores.

En tres de las ocasiones que Jesús trató con situaciones causadas por demonios, la Biblia nos dice que Jesús fue movido a misericordia para la liberación de los afectados. Uno de los casos más conocidos es el caso del endemoniado de Gádara, el cual encontramos en el capítulo 5 de Marcos. Después de Jesús haber liberado a este hombre de esta horrenda posesión demoníaca la Palabra nos relata que él quería seguir con Jesús, pero Él no se lo permitió.

"Al entrar en la barca, el que había estado endemoniado le rogaba que le dejase estar con Él. Mas Jesús no se lo permitió, sino que le dijo: Vete a tu casa, a los tuyos, y cuéntales cuan grandes cosas el Señor ha hecho contigo, y cómo ha tenido de ti misericordia."

Marcos 5:18,19

Es interesante que el mismo Jesús nos dice en estas palabras, que la liberación de este hombre fue resultado de la compasión que Jesús sintió hacia él, cuando lo vio cómo era destruido por una legión de demonios.

¡Qué poderosa es la fuerza de la compasión para liberar a las vidas de las garras de Satanás! Una legión entera de demonios (6000) no pudo resistirse dentro de aquel hombre cuando Jesús le ministró lleno de compasión.

En ocasiones cuando he tenido que ministrarle liberación a personas endemoniadas me he dado cuenta que se me hace más fácil el trabajo cuando siento una profunda compasión por la persona. La compasión energetiza mi fe y aligera el proceso de la liberación. En mi caso particular cuando la compasión se manifiesta, siento un profundo odio a las obras de las tinieblas. Creo que es casi imposible ministrar efectivamente sin la compasión de Jesús.

Apelando a la Compasión de Jesús

Los cuatro evangelios están repletos de personas que apelaron a la compasión de Jesús para recibir un milagro para ellos o para otros. Veamos algunos ejemplos de esto.

1 — El padre que tenía a su hijo endemoniado cuando lo trajo a Jesús le dijo: *"Si puedes hacer algo, ten misericordia de nosotros y ayúdanos"* (Marcos 9:22)

2 — La mujer Sirofenicia que tenía a su hija en su casa atormentada por un demonio llegó donde Jesús clamando: *"¡Señor, Hijo de David, ten misericordia de mí! Mi hija es gravemente atormentada por un demonio"* (Mateo 15:22).

3 — El ciego Bartimeo recibió la vista porque insistentemente seguía al Señor clamando: *"Jesús, Hijo de David, ten misericordia de mí"* (Marcos 10:47).

4 — Diez leprosos fueron limpiados de su lepra después de haber alzado la voz, diciendo: *"Jesús, Maestro, ten misericordia de nosotros."*(Lucas 17:13).

No es mera coincidencia que en cada uno de estos casos los que pidieron sanidad o liberación, la recibieron. Esto nos debe servir de inspiración a nosotros, para que con confianza nos acerquemos a Jesús a implorarle que nos sane por su misericordia. Si Él lo hizo casi dos mil años atrás, de seguro que lo hará hoy porque la Biblia dice: *"Jesucristo es el mismo ayer, y hoy, y por los siglos"* (Hebreos 13:8).

La misericordia de Jesús es tan inmensa, que aun en el caso de la mujer Sirofenicia, donde al principio aparentemente Jesús le negó la petición; la demanda de esta mujer a la compasión de Jesús fue el asunto decisivo.

Muchas veces no apelamos a la compasión de Jesús porque se nos ha enseñado que es falta de fe hacerlo. Algunos creen que con solo ellos reclamar su sanidad, ya con eso basta.

Yo soy de la opinión que no hay contradicción alguna en reclamar mi sanidad y a la misma vez implorar la compasión de Jesús. Al fin de cuentas no es fe en mi fe lo que me sana, sino fe en la misericordia eterna de Dios.

¡Qué grande es Su Misericordia!

La misericordia de Jesús es tan grande que aun la misma muerte tiene que someterse a ella. ¿Qué fue lo que hizo a Jesús llorar en la tumba de Lázaro? ¿Pena o mera simpatía? En ese momento sus entrañas fueron movidas a una compasión tan grande al ver el sufrimiento de la hermana del muerto, que la Biblia dice que Jesús *se estremeció en espíritu, y se conmovió* (Juan 11:33).

Se ha dicho muchas veces que Jesús no es movido por nuestras lágrimas pero las Escrituras prueban lo contrario. Consideremos otro encuentro de Jesús con la misma muerte el cual se encuentra en el capítulo siete de Lucas. Me refiero al incidente de la viuda de Naín. Permitamos que Lucas nos dé el relato:

> *"Cuando llegó (Jesús) cerca de la puerta de la ciudad, he aquí que llevaban a enterrar a un difunto, hijo único de su madre, la cual era viuda; y había con ella mucha gente de la ciudad. Y cuando el Señor la vio compadeció de ella y le dijo: No llores."*
>
> **Lucas 7:12,13**

Jesús sintió la tragedia de esta mujer que había perdido lo único que tenía, su hijo. Gracias a Dios que nuestro Señor Jesucristo no es insensible al sufrimiento humano y es movido por el mismo. Si en este caso que nadie apeló a su misericordia, Jesús intervino resucitando al muchacho; ¿qué no hará El hoy por nosotros cuando en medio de nuestras lágrimas y sufrimientos le pedimos que intervenga a nuestro favor o a favor de nuestros familiares?

Amigo tú milagro está más en la compasión de Jesús que en tu propia habilidad para creer. Si estás enfermo o tienes una situación fuera del control humano; atrévete a acercarte al trono de la gracia para que recibas la misericordia del que está sentado a la diestra de Dios intercediendo por ti y por mí.

Recuerda que la razón principal por la cual Jesús intercede es porque Él es *misericordioso y fiel Sumo Sacerdote* (Hebreos 2:17). Esa misericordia que un día te salvó perdonando todos tus pecados, es la misma que hoy está disponible para sanar todas tus enfermedades.

Pensamiento

"La compasión de Jesús siempre mueve su corazón a favor de los que sufren".

Capítulo 7
LA AUTORIDAD
DE LA PALABRA

La Biblia, que es la Palabra infalible de Dios, está repleta de cientos de promesas que nos aseguran que la sanidad es la voluntad de Dios. ¿Por qué entonces más creyentes no se apropian de estas promesas para recibir la sanidad de Dios para sus dolencias y enfermedades? La respuesta a esta pregunta está en la actitud que tienen los creyentes acerca de la Palabra de Dios. La opinión que tú tengas de la Palabra de Dios es lo que determinará en gran manera que tú puedas recibir todo lo que la misma promete.

No podemos dudar y cuestionar por un lado la veracidad de la Palabra de Dios, y a la misma vez acudir a ella para ser sanos. Si hay algo que debemos establecer bien claro, es el hecho de que la Biblia es la verdad absoluta de Dios; y que por lo tanto es infalible, inmutable y eterna. Conocer y creer en la autoridad de la Biblia es un pre-requisito para poder creer a Dios por sanidad.

La única fuente de autoridad acerca de la voluntad de Dios para nuestra vida es su Palabra. La seguridad de mi sanidad no está basada en la experiencia o en la ausencia de experiencia de alguien. Solo una revelación clara y definida de la Palabra al respecto, dará fin a toda duda e incertidumbre sobre si es o no es la voluntad de Dios sanar.

La Biblia debe convertirse en la máxima autoridad que gobierne la vida, conducta y fe del creyente. Dios se revela por medio de su Palabra desde Génesis hasta Apocalipsis. Siempre que nos mantengamos dentro de esos parámetros, estaremos seguros en nuestra búsqueda de Dios y nunca seremos engañados por las mentiras de Satanás o los errores doctrinales de los hombres.

Si he llegado a la conclusión de que Dios siempre quiere sanar, es porque fui a la Palabra con un corazón y una mente abierta; echando a un lado los prejuicios doctrinales y las evidencias de las llamadas experiencias que contradicen la Palabra de Dios. Me di cuenta que todas las doctrinas que niegan la sanidad divina están basadas en el prejuicio de alguien que nunca ha experimentado esta gloriosa gracia del Calvario, o en la experiencia de alguien que no recibió la sanidad después que se orara por él.

Toda Carne es como Hierba

"Siendo renacidos, no de simiente corruptible, sino de incorruptible, por la Palabra de Dios que vive y permanece para siempre. Porque: Toda carne es hierba, y toda la gloria del hombre como la flor de la hierba. La hierba se seca, y la flor se cae; mas la Palabra del Señor permanece para siempre."

1 Pedro 1:23-25

Esta escritura establece un contraste entre la naturaleza del hombre y la naturaleza de la Palabra de Dios. Lo que cambia al hombre es la Palabra por medio de la cual él nació de nuevo. Pedro está invitando a los creyentes a tomar la Palabra de Dios en serio y ponerla en primer lugar para que dejen de ser como la hierba que se seca y la flor que se cae.

Todas nuestras opiniones personales, cuando las ponemos al lado de la Palabra de Dios, no son otra cosa que una expresión de vanidad y orgullo del hombre que cree ser sabio en su propia opinión. Cada creyente que ha nacido de nuevo tiene que entender que el progreso y crecimiento de su vida espiritual depende de lo mismo que lo hizo renacer, la Palabra de Dios (1 Pedro 1:23).

Si el creyente sigue las instrucciones de Pedro: *"Desead como niños recién nacidos, la leche espiritual no adulterada"* (1 Pedro 2:2), crecerá para salvación, y llegará a ser *"como árbol plantado junto a corrientes de aguas, que da su fruto en su tiempo, y su hoja no cae; y todo lo que hace prosperará"* (Salmo 1:3).

¿Cómo se Revela Dios?

Alguien dijo con mucha certeza que Dios y su Palabra son una misma cosa. Dudar de su Palabra equivale a dudar de Él. El carácter y la integridad de Dios se manifiestan por medio de su Palabra. Toda Palabra que sale de la boca de Dios es pura y es verdad porque Dios es puro y Él es la verdad.

En lo natural conocemos personas de palabra, en quienes podemos confiar que siempre cumplirán lo que prometen. Lo opuesto también es cierto. Hay individuos que han establecido una reputación de mentira y falsedad, de tal forma que cuando dicen una verdad nadie les cree. Concluimos que el carácter de una persona se conoce por la forma cómo cumple las palabras que promete.

Dios por su naturaleza es santo. Santidad en la persona de Dios equivale a integridad y verdad. Como Dios es la verdad Él nunca puede mentir; y como Él es íntegro nunca puede cambiar de opinión respecto a ninguna de las promesas que nos ha dado en la Biblia. La misma Biblia afirma esto en distintos pasajes:

"Dios no es hombre para que mienta, ni hijo de hombre para que se arrepienta. Él dijo, ¿y no hará? Habló, ¿y no lo ejecutará?"
Números 23:19

"No olvidaré mi pacto, ni mudaré lo que ha salido de mis labios. Una vez he jurado por mi santidad, y no mentiré a David."
Salmo 89:34-35

"Así será mi Palabra que sale de mi boca; no volverá a mí vacía, sino que hará lo que yo quiero, y será prosperada en aquello para que la envié."
Isaías 55:11

"Porque todas las promesas de Dios son en Él Sí y en Él Amén, por medio de nosotros, para la gloria de Dios."
2 Corintios 1:20

Me acuerdo como si fuera este preciso momento lo que me dijo Costa Deir, un anciano hombre de Dios, una noche en México minutos antes de que me entregaran la parte para ministrar la Palabra de Dios. Me dijo: "Hijo mío, ¿sabes lo que el pueblo de Dios necesita más que otra cosa?, conocer a Dios y su grandeza".

Estas simples pero poderosas palabras encierran el secreto de recibir cualquier cosa de Dios, y me atrevo decir que también contienen el secreto de la fe. Todo empieza con el conocimiento de Dios, y el conocimiento de Dios empieza con la revelación que el Espíritu Santo nos da de su Palabra. El Apóstol Pedro afirma esto al decirnos:

"Como todas las cosas que pertenecen a la vida y a la piedad nos han sido dadas por su divino poder, mediante el conocimiento de Aquel que nos llamó por su gloria y excelencia, por medio de las cuales nos ha dado preciosas y grandísimas promesas, para que por ellas llegaseis a ser participantes de la naturaleza divina, habiendo huido de la corrupción que hay en el mundo a causa de la concupiscencia."

2 Pedro 1:3,4

La revelación de estos versos es que todas las cosas espirituales y naturales ya nos han sido dadas, por Dios por razón de que somos hijos de Dios. Esto no indica que necesariamente las recibimos automáticamente. Aunque Dios nos ha dado preciosas y grandísimas promesas, solo podemos apropiarnos de ellas por medio del conocimiento de Aquel que nos llamó a su gloria y excelencia. Y este conocimiento no lo hallamos en otro lugar que no sea la santa Palabra de Dios, la Biblia.

Uno de los errores de muchos creyentes es creer que Dios se revela por medio de algún sentimiento físico o alguna emoción del alma. La forma primordial de Dios revelarse al hombre es por medio de las Santas Escrituras. Jesús mismo afirmó esto cuando le dijo a los judíos: *Escudriñad las Escrituras; porque a vosotros os parece que en ella tenéis la vida eterna; y ellas son las que dan testimonio acerca de mí"* (Juan 5:39). Si queremos conocer a Dios verdaderamente, tenemos que ir a la Palabra que Él mismo inspiró; y con el corazón abierto pedirle al Espíritu Santo que nos revele la naturaleza y carácter de Dios.

Si hay algo que cambió mi vida radicalmente fue la revelación de la integridad de la Palabra de Dios. Si la Biblia es realmente la Palabra de Dios y fue inspirada por el Espíritu Santo, entonces todas mis reservas y dudas sobre su integridad deben cesar de una vez y por todas. El hombre y la mujer que llegan a entender esto se convierten en personas de fe para quien nada es imposible. Si Dios lo dijo y lo prometió en su Palabra; entonces yo puedo creerlo con los ojos cerrados, y arriesgarme a ponerlo a prueba creyendo cada una de las promesas que Él me ha dado en las Santas Escrituras.

Todo es Creado por la Palabra

"En el principio era el Verbo, y el Verbo era con Dios, y el Verbo era Dios. Éste era en el principio con Dios. Todas las cosas por Él fueron hechas, y sin Él nada de lo que ha sido hecho fue hecho."

Juan 1:1-3

De acuerdo al evangelio de Juan todo comenzó con la Palabra. Aunque la versión Reina Valera de la Biblia usa el término **"verbo"** la traducción más correcta del idioma griego es **"palabra"**. La Palabra es tan poderosa desde el punto de vista de Dios que a Jesucristo se le llama **"la Palabra"**. Jesús es llamado el verbo (Palabra) de Dios porque la Palabra es la máxima expresión de la naturaleza y el carácter de una persona. Esta Palabra que estaba en el principio con Dios fue el instrumento de Dios para crearlo todo.

No podemos pensar en la Palabra de Dios como consideramos las palabras cuando buscamos su raíz etimológica y las estudiamos gramaticalmente. Lo que el Espíritu Santo nos esta diciendo por medio de Juan es que la misma deidad, infalibilidad y poder creativo que había en Jesús como creador existe hoy en la

Palabra de Dios. ¿Cómo podemos entender esto? Cuando Dios habló para crear todo lo que existe, fue Jesús quien activó esa Palabra para darle forma.

El escritor a los Hebreos nos afirma cómo la Palabra fue el instrumento de Dios para crearlo todo. *"Por la fe entendemos haber sido constituido el universo por la Palabra de Dios, de modo que lo que se ve fue hecho de lo que no se veía"* (Hebreos 11:3). Si podemos creer que el universo fue constituido u ordenado por la Palabra de Dios, ¿es mucho creer que la misma Palabra que creó al mundo pueda traer orden al cuerpo humano por medio de la sanidad de Dios?

En el primer libro de la Biblia encontramos la manifestación de la Trinidad en la recreación de la tierra. El Espíritu Santo se está moviendo sobre la faz de las aguas, Dios Padre es el que habla las palabras de recreación y orden. El hijo es el verbo o la Palabra que sale de su boca anunciando: *"Sea la luz"*.

De acuerdo a Juan, el Hijo antes venir en carne a esta tierra estaba en el seno del Padre (Juan 1:18). Por eso es que podemos afirmar con el mismo Juan que todo fue hecho por la Palabra, porque las palabras que Dios pronunció para constituir el universo salieron de su seno. Pablo también nos afirma esto cuando nos dice:

"Porque en Él fueron creadas todas las cosas, las que hay en los cielos y en la tierra, visibles e invisibles; sean tronos, sean dominios, sean principados, sean potestades; todo fue creado por medio de Él y para Él."

Colosenses 1:16

La Palabra de Dios, o pudiéramos decir libremente el Verbo de Dios, Jesucristo; no solo fue el medio para hacer el universo, sino para preservarlo en buen funcionamiento y en orden. Hebreos 1:1,2 dice: *"En estos postreros días (Dios) nos ha hablado por el Hijo, a quien constituyó heredero de todo, **y por quien asimismo hizo el universo".** El próximo verso del mismo capítulo nos añade que Jesucristo es *"quien sustenta todas las cosas con la Palabra de su poder".* ¿Entiendes ahora con más claridad por qué Juan nos dice que Jesús es la Palabra de Dios?

Esto nos lleva a concluir que todo fue hecho por medio de la Palabra de Dios. No fue hasta que Dios habló en Génesis 1 que el mundo fue recreado y ordenado en la forma tan perfecta y maravillosa como lo vemos hoy. Los que creemos en la inspiración de las Sagradas Escrituras no tenemos ningún problema aceptando el hecho de que fue Dios quien hizo al hombre del polvo de la tierra. Si creemos eso, ¿por qué dudar en la habilidad de Dios para recrear nuestro cuerpo? Creo que eso es más fácil sanar tu cuerpo que recrear a un universo que estaba en desorden, vacío y en tinieblas.

¿Puedo Confiar en la Palabra de Dios?

"Siendo renacidos, no de simiente corruptible, sino de incorruptible, por la Palabra de Dios que vive y permanece para siempre."

1 Pedro 1:23

"Porque nunca la profecía fue traída por voluntad humana, sino que los santos hombres de Dios hablaron siendo inspirados por el Espíritu Santo."

2 Pedro 1:21

Para que podamos confiar en la Palabra de Dios tenemos primero que establecer su verdadero carácter. Ya dijimos anteriormente que la palabra tiene el carácter del que habla, y el carácter del que habla se determina por la validez de sus palabras. La misma

Biblia nos establece el carácter de la Palabra de Dios. Pedro le llama la simiente incorruptible, que vive y permanece para siempre. Es incorruptible porque en ella no hay posibilidad de corrupción o envejecimiento. Hoy es tan pura como fue 10 millones de años atrás, y de aquí a otros 10 millones de años seguirá exactamente igual.

Es por ese carácter de incorruptibilidad que tiene la Palabra de Dios que ella vive. La Palabra es viva porque es incorruptible, y como es viva permanece para siempre. Como ella es incorruptible, la Palabra de Dios no es afectada por el tiempo. Por eso es que tengo muchos problemas con los que dicen que Dios no hace hoy lo que hizo miles de años atrás. Decir eso equivale a decir que la Palabra de Dios ha sufrido corrupción, y por lo tanto ha perdido su vida y su permanencia.

Bajo ninguna circunstancia esto es posible porque la Palabra de Dios es integra e inmutable. La hierba puede secarse, la flor se puede caer, pero la Palabra de Dios no se seca porque es viva, y no se cae porque ella permanece para siempre. El Salmo 119:89 afirma esto: *Para siempre, oh Jehová permanece tu Palabra en los cielos.* La Palabra de Dios que está en los cielos no tiene ningún problema. El problema lo tenemos nosotros cuando somos sabios en nuestra propia opinión, y creemos que las palabras del ser creado son más poderosas que la Palabra del Ser que nos creó.

"¿Pues que, si algunos de ellos han sido incrédulos? ¿Su incredulidad habrá hecho nula la fidelidad de Dios? De ninguna manera; antes bien, sea Dios veraz, y todo hombre mentiroso; como está escrito: Para que seas justificado en tus palabras, y venzas cuando fueres juzgado."

Romanos 3:3,4

Dios no Puede Mentir

"Dios no es hombre, para que mienta, ni hijo de hombre, para que se arrepienta. Él dijo, ¿y no hará? Habló, ¿y no lo ejecutara."

Números 23:19

Esta escritura establece muy enfáticamente que Dios no miente para dejar de hacer lo que dijo, y no se arrepiente para dejar de ejecutarlo. Dios no puede mentir porque la mentira no es parte de su naturaleza. Si Dios mintiera, eso lo haría a Él socio de Satanás, porque Jesús dijo que él es mentiroso y padre de mentira (Juan 8:44). De ninguna forma Dios puede ser considerado hijo de Satanás.

Oí a alguien decir que Dios no puede mentir, y lo expresó en esta forma. Si Dios dice que el cielo es rojo, cuando todos sabemos que es azul; en el momento que Dios diga que es rojo, inmediatamente se convertiría en color rojo. Lo que le da poder, integridad e inmutabilidad a las palabras de Dios, es que Él no puede mentir aunque quisiera.

La Biblia establece tres razones por la cuales Dios no puede mentir y podemos confiar en su Palabra con los ojos cerrados. La primera razón la hallamos en el Salmo 89:34,35: *"No olvidaré mi pacto, ni mudaré lo que ha salido de mis labios. Una vez he jurado por mi santidad, y no mentiré a David."* Dios se compromete tanto con las palabras que han salido de sus labios que ha jurado por su santidad. Lo que Dios nos está diciendo es que mientras Él sea santo, nunca habrá cambio ni variación de lo que ha salido de los labios. Dios nos libre de tan siquiera insinuar que Dios pueda cambiar lo que ha dicho con sus labios. ¿Será posible que Dios deje de ser santo tan siquiera por un segundo?

La segunda razón por la cual Dios no puede mentir la encontramos en Hebreos 6:13: *"Porque cuando Dios hizo la promesa a Abraham, no pudiendo jurar por otro mayor juró por sí mismo"*. Dios quiso establecer su promesa a Abraham en una forma tan firme que hizo un juramento. Como no hay nadie más grande que Dios, nos dice la Escritura que juró por Él mismo.

¿Qué significa esto? Dios le está diciendo a Abraham: Estoy tan comprometido con esta promesa que te estoy haciendo que voy a jurar por mi existencia. Otra razón por la cual Dios no puede alterar o dejar de cumplir lo que ha salido de sus labios, es porque si Él lo hiciera dejaría de existir. ¡Tremenda seguridad que podemos tener en la veracidad e integridad de la Palabra de Dios!

La tercera razón por la cual Dios es fiel a su Palabra se halla en Jeremías 33:20,21:

"Así ha dicho Jehová: Si pudiereis invalidar mi pacto con el día y mi pacto con la noche, de tal manera que no haya día ni noche a su tiempo, podría también invalidarse mi pacto con mi siervo David..."

Aunque esta palabra se refiere al pacto que Dios hizo con David, de que no faltaría hijo que se sentara sobre su trono; es un principio que se aplica a toda la Palabra de Dios. Toda palabra que Dios habla la podemos considerar como el pacto de Dios contigo. Yo creo que las promesas de sanidad que Dios ha hecho en su Palabra pueden considerarse como el pacto de sanidad de Dios con el hombre.

El juramento que tenemos en esta escritura es con el día y con la noche. Lo que Dios nos está diciendo es que es más fácil que el día y la noche dejen de existir, que la posibilidad de que Él cambie de opinión sobre su Palabra. A esto podríamos añadirle otras promesas de Jesús que aseguran la integridad y la permanencia de la Palabra de Dios.

"Porque de cierto os digo que hasta que pasen el cielo y la tierra, ni una jota ni una tilde pasará de la ley hasta que todo se haya cumplido."

Mateo 5:18

"El cielo y la tierra pasarán, pero mis palabras no pasarán."

Mateo 24:35

La Palabra no Vuelve a Dios Vacía.

"Porque como desciende de los cielos la lluvia y la nieve, y no vuelve allá, sino que riega la tierra, y la hace germinar y producir, y da semilla al que siembra, y pan al que come, así será mi Palabra que sale de mi boca; no volverá a mí vacía, sino que hará lo que yo quiero, y será prosperada en aquellos para que la envié."

Isaías 55:10,11

La Palabra de Dios nunca viene vacía de poder, porque las palabras de Dios son espíritu y son vida y están repletas de la fe de Dios. Por esa razón es que la fe viene por el oír la Palabra de Dios. Cuando Dios envía su Palabra, desde el punto de vista de Dios esa palabra tiene todo el potencial para cumplir lo que ella dice. No hay que ir fuera de la Palabra para buscar el cumplimiento de la misma. No hay que buscar lógica ni sentimientos para ver si la Palabra hará lo que ha prometido. Como la Palabra ha salido de la boca de Dios, viene con la fe y el poder de Dios. Dios ha prometido que esa Palabra hace lo que Dios quiere que haga.

Entonces, ¿por qué hay tantos cristianos cargando grandes Biblias, y están vacíos de fe y poder, y no se apropian las promesas de Dios? Esa

Palabra hay que recibirla con fe en el corazón para que dé semilla al que la siembra. Si siembras la palabra en tu corazón, tendrás suficiente pan para comer de la misma Palabra.

El plan de Dios es que los que reciben su palabra la reciban con fe y mansedumbre y que crean que la Palabra será prosperada en aquello para lo cual Dios la envió. Dios no quiere que su Palabra vuelva a Él vacía. Es tu fe lo que hace que la Palabra vuelva a Dios para que entonces Él haga con esa palabra lo que Él ha prometido.

Dios dijo que su Palabra será prosperada en aquello para que la envió. Esto se entiende de la siguiente manera. La Palabra que Dios envió para salvación, si la persona la recibe, será prosperada salvando a la persona; la Palabra que Dios envió con las promesas de sanidad, será prosperada sanando al individuo, siempre que él la reciba con fe y actúe en la misma.

Aunque las palabras de Dios vienen preñadas de fe y de poder y pueden hacer todo lo que Dios ha prometido, se requiere una acción de parte del recipiente para que haya resultados. Un ejemplo de esto lo tenemos en el caso de la visitación del ángel Gabriel a la virgen María.

"Hágase Conmigo Conforme a Tu Palabra"

El ángel le dio a María una Palabra que Dios envió para que ella fuera la madre del Salvador del mundo (Lucas 1:35). Para estimular la fe de María Gabriel le dijo a María cómo Dios había abierto el vientre de una mujer estéril, Elizabeth, para tener un niño. Y enseguida le dijo esta palabra: *"Porque nada hay imposible para Dios"*. Otra versión de la Biblia traduce esto en esta forma: *Porque ninguna Palabra de Dios está vacía de poder"*. Cuando María oyó esta Palabra tuvo fe y recibió el poder de esa palabra para quedar encinta con el Salvador del mundo. La clave para recibir cualquier promesa de Dios nos la dio esta virgen.

"Entonces María dijo: He aquí la sierva del Señor; <u>hágase conmigo conforme a tu Palabra.</u> Y el ángel se fue de su presencia."

Lucas 1:38

En la misma forma que María recibió el milagro de quedar encinta como resultado de oír la Palabra del ángel, cualquier persona que esté enferma puede recibir su milagro de sanidad oyendo y creyendo las palabras de sanidad de la Biblia. Posiblemente estés pensando que si un ángel te diera una promesa sería más fácil creer por tu sanidad.

Hubo un sacerdote, con mas conocimiento de la Palabra que María y el también tuvo una visitación angelical. El mismo ángel que vino donde María con las buenas noticias de que sería madre de Jesús, había ido a visitar tres meses antes a Zacarías mientras ofrecía incienso ante el altar de Dios.

Cuando Gabriel le dijo a este ministro de las cosas sagradas, que su mujer sería la madre del precursor de Jesús, en vez de creer como hizo María, lo que hizo fue pedir una señal: *"¿En qué conoceré esto? Porque yo soy viejo, y mi mujer de edad avanzada"* (Lucas 1:18).

El ángel se indignó tanto con esta falta de fe en un hombre de Dios, que lo dejó mudo hasta que el niño naciera. Este incidente prueba que el hecho de que tú veas un ángel no indica necesariamente que vas a tener fe. María tuvo fe, y salió llena de gozo hacia su casa; Zacarías dudó, y regresó a su casa a estar mudo por nueve largos meses.

Mi fe no está basada en la aparición de un ángel, ni en una visión nocturna, o un sueño. Mi fe esta fundada en la Palabra incorruptible de Dios, que vive y permanece para siempre. Es más, Pedro nos dijo que la Palabra es más segura que una misma voz que venga del cielo (2 Pedro 1:19).

Yo creo que Dios me sana porque Él ha enviado su Palabra de sanidad y puedo encontrar esa palabra diseminada multitud de veces por las páginas de las Sagradas Escrituras desde Génesis hasta Apocalipsis. Esa es la fuente de mi fe en la habilidad y disponibilidad de Dios para sanarme de todas mis dolencias y enfermedades.

Puedo arriesgarme a depositar toda mi fe y confianza en la Palabra íntegra, inmutable y eterna de Dios *"porque todas las promesas de Dios son en Él Sí, y en Él Amén, por medio de nosotros, para la gloria de Dios"* (2 Corintios 1:20).

Pensamiento Bíblico

Diles, por tanto: Así ha dicho Jehová el Señor: No se tardará más ninguna de mis palabras, sino que la Palabra que yo hable se cumplirá, dice Jehová el Señor.

Ezequiel 12:28

Capítulo 8
COMO CREÍSTE, TE SEA HECHO

Hay una mala interpretación en algunos sectores del cristianismo acerca del papel de la fe para recibir la sanidad divina. Muchos creen que Jesús anduvo sanando a todos independientemente de la fe de la gente. Puede ser que nos hagamos la pregunta: ¿Si Dios es tan poderoso para hacer cualquier cosa, por qué entonces no sana a todos los enfermos?

Creo que en capítulos anteriores hemos establecido claramente que siempre es la voluntad de Dios sanar a sus hijos. Esta realidad echa por el suelo la oración clásica de incredulidad: "Si es tu voluntad". Esta oración está vacía de un elemento que es de suprema importancia para recibir cualquier cosa de Dios, FE.

La Biblia dice *"que sin fe es imposible agradar a Dios porque es necesario que el que se acerca a Dios crea que Dios es real y que Él es galardonador de los que le buscan diligentemente"* (Hebreos 11:6). En cada área de la vida del ser humano la fe es un requisito indispensable para recibir las múltiples bendiciones de Dios.

Si aun para recibir la salvación y el perdón de los pecados se requiere la fe del individuo; no creas que para recibir la sanidad no sea necesario tener fe. Es cierto que la Palabra dice que *"todas las promesas de*

Dios son en Él Sí, y en Él Amén", pero no olvidemos la otra parte del verso: *"por medio de nosotros, para la gloria de Dios"* (2 Corintios 1:20).

¿Cuál es ese medio que opera en nosotros para recibir todas las promesas de Dios? El mismo medio que opera para que podamos recibir la salvación. *"Porque por gracia sois salvos por medio de la fe"* (Efesios 2:8). Es un grave error llegar a concluir que *"porque la gracia de Dios se ha manifestado para salvación a todos los hombres"* (Tito 2:11), nosotros no tenemos que hacer nada. Nosotros participamos activamente en todo lo que recibimos de Dios al depositar nuestra fe en la habilidad y disposición de Dios para hacerlo.

Fe no Equivale a Obras

Hay un mal entendido acerca de las obras de la fe en muchos estudiosos de las Santas Escrituras. Las obras de la fe no son obras meritorias para alcanzar el favor de Dios, para que Dios haga algo por nosotros. No descartes el mensaje de Santiago acerca de la fe porque creas que contradice todo lo que Pablo dijo acerca de la fe y de las obras.

Cada vez que Pablo nos habla de que las obras no son requeridas para salvación o para recibir alguna cosa de Dios, él se refería a las obras de la ley de Moisés o a las obras nacidas de la humanidad del hombre. Pablo lo que hizo fue condenar las obras meritorias que tratan de comprar el favor de Dios.

Santiago nunca se refirió a esta clase de obras meritorias. Santiago se refirió a las obras que nacen de la fe viva del creyente. Posiblemente lo que ha enredado más el conflicto entre lo que dijo Pablo y lo que dijo Santiago es el uso de la terminología "obras".

Por esta razón yo prefiero usar el término **acciones correspondientes.**

Déjame darte un ejemplo de un verso de Santiago sobre la relación entre fe y obras. *"Hermanos míos, ¿de qué aprovechará si alguno dice que tiene fe, y no tiene obras? ¿Podrá la fe salvarle?"* (Capítulo 2:14). Esta fe no salva a nadie porque no hay acciones correspondientes que manifiestan la realidad de esta fe.

Llegamos, entonces a concluir que la fe es el medio para recibir cualquier cosa de Dios, y que las obras de la fe son las acciones a las cuales somos movidos para agradar a Dios. Estas obras de la fe no son obras meritorias para convencer a Dios a hacer algo.

Las obras de la fe son las acciones correspondientes que le prueban a Dios que creemos en Él y que tenemos confianza en que Dios hará por nosotros muchos más abundantemente de lo que pedimos o entendemos. Esta es la fe que agrada a Dios y lo mueve, sea a salvar al individuo que se arrepiente de sus pecados, o lo mueve a manifestar su poder para sanar a todo aquel que viene a Él con una expectativa de fe.

¿Cómo Recibo esa Fe Para ser Sanado?

Exactamente esa es una de las razones principales por las cuales he tomado el tiempo y he invertido mi esfuerzo para escribir este libro. Te quiero hacer una simple pregunta: ¿Cómo recibiste fe para ser salvo? Un día alguien te predicó un mensaje acerca de tu condición de pecador rebelde, y te aseguró por medio de la Palabra de Dios que si creías en Jesús de todo corazón tus pecados serían perdonados y Dios te daría vida eterna.

O pudo ser que simplemente leyendo las Escrituras llegaste a darte cuenta de lo alejado que estabas de Dios y entendiste que Dios siempre te había estado buscando para darte vida eterna. No importa el medio que Dios usó para salvarte siempre hubo un elemento común, la Palabra de Dios.

La fe de Dios no es algo que es común al corazón de la persona no redimida. Inicialmente la fe para salvación proviene de la Palabra de Dios. El Apóstol Pablo lo explicó muy bien con estas palabras: *"Así que la fe es por el oír, y el oír, por la Palabra de Dios"* (Romanos 10:17).

Es la predicación de la Palabra de Dios la que despierta fe en los hombres para ser salvos o para recibir cualquiera otra cosa de parte de Dios. Pues la Escritura dice: *"Todo aquel que en El creyere no será avergonzado"* (Romanos 10:11). Nadie puede creer más allá de lo que ha oído.

Si una persona ha estado oyendo toda su vida que ya Dios no hace milagros, que Jesús solamente sanó durante su tiempo en la tierra para probar su deidad, y que hoy solamente sana a alguien de una vez en mil si es su voluntad; es imposible que esa persona tenga fe para recibir su sanidad.

Es una ley fija y absoluta que lo que uno oye determina lo que uno cree. Isaías nos dijo: *"¿Quién ha creído a nuestro anuncio? ¿y sobre quién se ha manifestado el brazo de Jehová?"* (Isaías 53:1). Lo que esta poderosa escritura significa es que el brazo de Jehová no se manifestará, sea para salvación, a sea para sanidad, a menos que la persona haya creído el anuncio de la verdad de Dios.

Me he encontrado infinidad de veces con esta situación. Hay millares de cristianos que malgastan su tiempo leyendo literatura, y escuchando enseñanzas y predicaciones que no hacen otra cosa que robarle la fe acerca de la sanidad divina. Tienen la radio cristiana todo el día puesta escuchando todo tipo de enseñanzas; un predicador les dice que Dios quiere sanarlos, pero el próximo enseña que quizás Dios los esté probando con una enfermedad. Estos son los mismos cristianos que después se enojan porque asistieron a una sola reunión de sanidad y no fueron sanados. Salen diciendo una de dos, que el que oró por ellos no estaba ungido, o que Dios no siempre sana.

Creyendo la Palabra de Sanidad

No creo que sea necesario volver a hablar con detalles sobre la autoridad de la Biblia como la Palabra inspirada por Dios. El capítulo anterior es la base para que tú puedas entender este capítulo. La fe no es una emoción, ni tampoco una creencia intelectual; la fe es una confianza absoluta en la Palabra de Dios.

Algo sucede en mi corazón cuando oigo o leo la Palabra de Dios; la palabra que entra al corazón se convierte en fe. *Mi espíritu es el lugar donde se procesa la Palabra de Dios para que se convierta en la fe de Dios.* Ya aprendimos antes que todo, que la Palabra de Dios viene llena de fe y poder, pero nunca nos será de beneficio a menos que sea procesada en nuestro espíritu.

Es posible que tú seas genuinamente salvo y muy santo, pero no tengas fe para ser sano. Por esta razón es que en la iglesia donde no se predica sanidad la gente no se sana. Esto no indica que no sean salvas y santas, y que no aman a Dios de todo corazón. Si todos los domingos te están predicando un mensaje de salvación, tu tendrás mucha fe para ser salvo y mantenerte salvo. Si la santidad y la separación del mundo es uno de los temas favoritos de tu pastor, es muy posible que tengas fe para vivir en santidad. Ahora, esto no garantiza que podrás recibir sanidad en la misma forma.

Para recibir y mantener la sanidad que Dios ha provisto para todos sus hijos, tú tienes que constantemente recibir las promesas de sanidad de la Biblia. ¿Cómo tu espíritu va a procesar la palabra de sanidad cuando lo único que recibes es palabra de perdón de pecados? Para que tu cuerpo reciba vitamina C tu estómago tiene que procesar alimentos ricos en vitamina C. En la misma forma, para que tu espíritu pueda tener fe para sanidad, tiene que procesar comida espiritual rica en sanidad.

Recuerda esto para el resto de tu vida y serás un gigante en la fe. El nivel de fe en tu espíritu es determinado por el nivel de Palabra que tú hayas depositado. ¿Deseas un nivel alto de fe para sanidad de todas tus dolencias? Deposita continuamente palabras de salud y sanidad para que tu corazón las procese y se conviertan en fe para sanidad.

Casi toda persona que vino a Jesús para ser sanada vino con fe, y no se fue frustrada o defraudada. Es cierto que Jesús tenía virtud de sanidad, pero los evangelios nunca registran que Jesús le atribuyó la sanidad de los que vinieron a Él al poder que operaba en Él.

En el próximo segmento de este capítulo vamos a considerar algunos de estos ejemplos para que veas que hubo un elemento común en la mayoría de los que Jesús sanó. En los evangelios encontramos por lo menos siete ejemplos de casos donde se deduce por las palabras de Jesús que la persona fue sanada por medio de su fe.

1 — La Fe del Centurión que Asombró a Jesús

"Fe Absoluta en la Palabra de Jesús"

"Entrando Jesús en Capernaum, vino a Él un centurión, rogándole, y diciendo: Señor, mi criado está postrado en casa, paralítico, gravemente atormentado. Y Jesús le dijo: Yo iré y le sanaré. Respondió el centurión y dijo: Señor, no soy digno de que entres bajo mi techo; solamente di la palabra, y mi criado sanará."

Mateo 8:5-7

"Entonces Jesús dijo al Centurión: Ve, y como creíste te sea hecho. Y su criado fue sanado en aquella misma hora."

Mateo 8:13

Yo considero que este es uno de los mejores ejemplos de fe que encontramos en el Nuevo Testamento. Un oficial del ejército de Roma tenía en su casa un siervo que posiblemente era un caso perdido para los mejores médicos que este centurión podía pagar. Las palabras del mismo centurión describen la seriedad de la enfermedad de este siervo: *"postrado en casa, paralítico, gravemente atormentado".*

Lo primero que tenemos que observar en este hombre es su humildad para venir a Jesús personalmente a pedir por la sanidad de su siervo. Siendo un hombre de una alta posición militar él pudo haber enviado a uno de sus muchos soldados. Se requería valentía para que un oficial romano se dirigiera a Jesús por el título Señor, ya que ese título estaba reservado para Cesar.

Es evidente que este hombre había escuchado de la autoridad de Jesús para sanar enfermos. No solamente había escuchado de la autoridad de Jesús, sino que entendía el poder que había detrás de las palabras de Jesús. Cuando Jesús ofreció inmediatamente ir a su casa a sanar su criado; él le contestó: *"Señor, no soy digno de que entres bajo mi techo; solamente dí la palabra, y mi criado sanará."*

¡Imagínate que Jesús te dijera eso cuando uno de tus seres queridos está en tu casa gravemente enfermo! Creo que cargaríamos a Jesús en brazos para que rápidamente nos sane al familiar que está al borde de la muerte.

¿Por qué este hombre reaccionó diferente a lo que sería normal en cualquiera de nosotros? Él tenía una revelación del poder de las palabras de Jesús que muchos profesores de seminarios evangélicos no tienen. El centurión sabía que en la misma forma que él tenía autoridad sobre sus soldados para darle ordenes en el ámbito natural, Jesús también tenía absoluta autoridad para ordenar la sanidad de su criado en el ámbito espiritual. El centurión le atribuyó esta autoridad de Jesús al hecho de que Jesús era un hombre bajo la autoridad de Dios para ordenar cualquier cosa.

"Porque yo también soy hombre bajo autoridad, y tengo bajo mis órdenes soldados; y digo a éste: Ve, y va; y al otro Ven, y viene; y a mi siervo: Haz esto y lo hace."

Mateo 8:9

La reacción de Jesús a estas palabras de este hombre fue poco común. *"Al oírlo Jesús, se maravilló, y dijo a los que le seguían: De cierto os digo, que ni aun en Israel he hallado tanta fe"* (Mateo 8:10). ¿En que consistió la fe del centurión? Él tenía fe en que la palabra de Jesús era tan poderosa como su misma presencia, y no era necesario que Jesús fuera a su casa a imponerle manos al muchacho enfermo.

Este es el nivel de fe más alto, que Jesús no había hallado ni entre los hijos de Abraham; *SOLAMENTE DÍ LA PALABRA*. Esta es la fe que no depende de emociones, manifestaciones y sensacionalismos. Tú también que estás enfermo o que estás creyendo por la sanidad de un amigo o un familiar, cree que ya Dios envió la Palabra para sanarlo (Salmo 107:20). Solamente recíbela y podrás oír las mismas palabras que Jesús le dijo al centurión: *"Ve, y como creíste te sea hecho"* (Mateo 8:13).

2 — La Fe de los Dos Ciegos que Pidieron Misericordia

"La Fe que Cree que Jesús Puede"

"Y se difundió la fama de esto por toda aquella tierra. Pasando Jesús de allí, le siguieron dos ciegos, dando voces y diciendo: ¡Ten misericordia de nosotros, Hijo de David! Y llegado a la casa, vinieron a Él los ciegos; y Jesús les dijo: ¿Creéis que puedo hacer esto? Ellos le dijeron: Sí, Señor. Entonces les tocó los ojos, diciendo: Conforme a vuestra fe os sea hecho."

Mateo 9:26-29

Antes de este incidente Jesús había ido a la casa de Jairo y le había resucitado a la hija que había muerto mientras él había ido a buscar a Jesús. Este milagro fue tan notable que dice Mateo que la fama de Jesús se difundió por toda aquella tierra. ¿Por qué enfatizo esto? Para que no olvidemos que todos estos personajes que estamos discutiendo en este capítulo vinieron a Jesús porque oyeron algo acerca de Jesús que les despertó fe para creer que Jesús tenía el poder y la disposición para sanar a los que se acercan a Él.

Me atrevo asegurar que estos dos ciegos oyeron de cómo Jesús había levantado a la hija de Jairo de las regiones de la muerte. Aunque estos ciegos no conocían posiblemente las promesas de sanidad del Antiguo Testamento, el testimonio de lo que pasó en casa de Jairo les estimuló a creer en un milagro.

Aunque no podemos descansar en los milagros de otros para recibir el nuestro, tan siquiera nos pueden servir de inspiración para ir donde Jesús. Ellos pensaron que si Jesús podía levantar a alguien de los muertos, entonces no sería difícil que Él les pudiera devolver la vista. Estos dos ciegos llegaron adonde Jesús con el mínimo nivel de fe; el nivel de fe que apela a la misericordia de Jesús.

Es maravilloso pensar que Jesús nos toma en el nivel de fe que estamos, pero nunca nos deja ahí. El padre del hijo endemoniado no tenía fe suficiente para recibir el milagro de la liberación de su hijo. A pesar de esto Jesús le dijo: *"Si puedes creer, al que cree todo le es posible"* (Marcos 9:23).

Este hombre sabía que no estaba en ese nivel de fe; por eso le dijo a Jesús: *"Creo, ayuda mi incredulidad"* (Marcos 9:24). Jesús, de todas formas, ayudó la incredulidad de este hombre y le sanó al hijo. Yo creo que Jesús tiene más misericordia del que admite su falta de fe y pide ayuda, que de aquel que quiere aparentar una fe que en sí no posee.

En el caso de estos ciegos no fue suficiente que ellos pidieran misericordia. Jesús quería saber en que nivel de fe ellos estaban operando. Por esta causa les pregunto: *¿Creéis que puedo hacer esto?* ¿Por qué Jesús les hace esta pregunta si aparentemente ellos vinieron con fe a donde Él? Jesús conocía el poderoso principio de fe que es desatada por la confesión de lo que está en tu corazón. Enseguida que ellos contestaron; *Sí, Señor*, la fe se levantó más fuerte en sus corazones. Por eso Jesús les dijo: *"Conforme a vuestra fe os sea hecho."*

¿Qué lección podemos aprender de esta historia? Es cierto que podemos apelar a la misericordia de Jesús para que Él nos sane; pero Jesús quiere elevarnos a un nivel de fe superior donde estemos seguros y convencidos de que no solo Él quiere hacerlo, sino que puede hacerlo. Los dos ciegos sabían que Jesús quería hacerlo (por esa razón pidieron misericordia), pero la reacción de Jesús me da a entender que no estaban muy seguros si Él podía hacerlo.

Es interesante que algunos de nosotros cuando estamos enfermos y queremos que Dios nos sane empezamos en el nivel de creer que Dios nos puede sanar; pero otros empezamos en el nivel que Dios nos quiere sanar. Sea en el nivel que empieces, tienes que moverte al otro para recibir tu sanidad.

3 — La Fe que Cargó al Paralítico

"Cuando la Fe de Otros Mueve a Jesús"

"Entonces vinieron a Él unos trayendo un paralítico, que era cargado por cuatro. Y como no podían acercarse a Él a causa de la multitud, descubrieron el techo donde estaba, y haciendo una abertura, bajaron el lecho en que yacía el paralítico. Al ver Jesús la fe de ellos, dijo al paralítico: Hijo tus pecados te son perdonados."

Marcos 2:3:5

Este pasaje nos prueba como nuestra fe puede ayudar en la sanidad de otra persona. Este es un caso donde la sanidad del enfermo no se le atribuye a la fe del enfermo, sino a la fe de los cuatro hombres que lo cargaron y lo trajeron a Jesús. El relato de Mateo dice que *"al ver Jesús la fe de ellos, dijo al paralítico: Hijo tus pecados te son perdonados".* No dice, al ver Jesús la fe del paralítico. Aunque esto no indica que en este caso el enfermo no tenía fe, si indica que su fe no fue el factor determinante para su sanidad. ¿En qué consistió la fe de estos cuatro hombres? Es evidente que tenían una gran fe, porque su fe era tan grande que Jesús la vio.

¿Qué fue lo que vio Jesús que lo movió a sanar este hombre? Jesús vio cuando los cuatro se tomaron la tarea de hacer un hueco en el techo de la casa donde Jesús estaba ese día enseñando la Palabra. La fe de estos hombres era tan persistente que no fueron intimidados por la multitud, y no les importaba que tendrían que ser responsables por la reparación del techo que habían roto. Hubiera sido más fácil para estos hombres regresarse a sus casas porque tenían una razón válida, no había paso para llegar a Jesús.

¡Que maravilloso! que la fe siempre se abre paso de una forma u otra. Estas acciones de fe de estos cuatro individuos fue lo que movió a Jesús a interrumpir su ministerio de la Palabra para honrar la fe estos de cuatro hombres y sanar al paralítico que acababa de bajar del techo.

Muchas veces nosotros tenemos familiares o amigos enfermos, y en vez de ser instrumentos para alimentar su fe, somos piedras de tropiezo. ¿Has pensado cómo estos cuatro tuvieron que tratar con este paralítico para que él permitiera que lo subieran por un techo? Una de las razones por las cuales hoy la gente no reciben más milagros de parte de Dios, es porque no están dispuestos a pagar un precio.

He oído algunos enfermos que son invitados a un culto de sanidad, y se niegan a ir porque no quieren pagar el costo del avión o del automóvil, o simplemente por la inconveniencia que eso le pueda ocasionar. La fe que siempre mueve a Dios es la fe arriesgada y atrevida. Esta es la fe que siempre tiene acciones correspondientes y hace que Jesús la vea en el que la posee.

4 — La Fe de la Mujer Sirofenicia

"La fe que Persiste a Pesar de..."

"Saliendo Jesús de allí, se fue a la región de Tiro y de Sidón. Y he aquí una mujer cananea que había salido de aquella región clamaba, diciéndole: ¡Señor, Hijo de David, ten misericordia de mí! Mi hija es gravemente atormentada por un demonio. Pero Jesús no le respondió palabra. Entonces acercándose sus discípulos, le rogaron, diciendo: Despídela, pues da voces tras nosotros. Él respondiendo, dijo: No soy enviado sino a las ovejas de la casa de Israel. Entonces ella vino y se postró ante Él, diciendo: ¡Señor, socórreme! Respondiendo Él, dijo: No está bien tomar el pan de los hijos, y echarlo a los perrillos. Y ella dijo: Sí Señor; pero aun los perrillos comen de las migajas que caen de la mesa de sus amos. Entonces respondiendo Jesús dijo: ¡Oh mujer, grande es tu fe; hágase contigo como quieres! Y su hija fue sanada desde aquella hora."

Mateo 15:21-28

Hoy mientras escribía este capítulo le decía a mi esposa: "¡Qué mujer más terrible es esta Sirofenicia! No hubo nada que la detuviera en su determinación de conseguir la sanidad de su hija, quien estaba atormentada por un demonio". Pensaba yo lo fácil que la gente de hoy se rinde ante cualquier dificultad, y no avanzan con terquedad espiritual para conseguir todo aquello que Dios y su Palabra le prometen.

Para mí esta es una de las mujeres más especiales de toda la Biblia. También es una de las mejores lecciones de fe que podemos aprender de todos los que llegaron donde Jesús en busca de un milagro. ¿Que coincidencia que las dos personas que más movieron a Jesús con su fe ninguna era del pueblo de Israel; el Centurión era romano, y esta mujer era griega de nacimiento y sirofenicia de nación

Esta mujer, como otros personajes del tiempo de Jesús, vino adonde Jesús apelando a su misericordia. Notarás que ella se atrevió dirigirse a Jesús como el Hijo de David, aunque ella no tenía el derecho de hacerlo porque era una mujer gentil. Consideremos los obstáculos a los cuales ella se enfrentó para poder conseguir la liberación de su hija.

Primero, Jesús no le respondió palabra, o sea, la ignoró completamente. Segundo, los discípulos de Jesús la querían correr para que no molestara más a Jesús. Tercero, ella oyó cuando Jesús dijo que Él no había sido enviado a los gentiles, sino a las ovejas perdidas de Israel. Cuarto, Jesús le dijo que la sanidad era solo para los hijos, y ella no era hija del pueblo de Israel. Quinto, Jesús la comparó con un perrillo.

¿No crees que esto sería más que suficiente para desanimar a cualquiera que estuviera en una situación semejante? Por menos, veo yo como la gente deja de servir al Señor en nuestras iglesias. Lo que más me impresiona de esta mujer es su determinación y su terquedad espiritual. Hay seis (6) aspectos de su actitud que determinaron que ella tuviera esta fe que nunca retrocede.

1 — Como sabía que no tenía derecho a las bendiciones del pueblo de Israel apeló a la misericordia de Jesús.

2 — Se atrevió llamarle Hijo de David aunque no tenía derecho legal de hacerlo

3 — No se ofendió cuando los discípulos la querían correr.

4 — Siguió dando voces aunque sabía que ella no era bienvenida.

5 — Cuando Jesús le dijo que ella no era una oveja de Israel no se rindió. Se postro a sus pies y le dijo: ¡Señor, socórreme!

6 — Aceptó el hecho de que era una perrilla, pero no desistió de su derecho a comer aunque fueran las migajas.

Fue a esta mujer que Jesús le dijo: *"¡Oh mujer, grande es tu fe; hágase contigo como quieres!"* ¿A qué fue que Jesús le llamó fe en este caso tan particular? A la determinación de una madre que vino decidida donde Jesús a conseguir la sanidad de su hija. La decisión de esta mujer era que no importa lo que el mismo Jesús dijera, ella se había determinado que su hija sería sana. Posiblemente ella no sabía mucho de los pactos del pueblo de Israel; pero había algo que ella entendía bien, Jesús era un hombre de misericordia, y si ella insistía en su petición, conseguiría la liberación de su hija.

Si una mujer que no era del pacto de sanidad pudo mover a Jesús a tal grado que Jesús le dijo que su fe era grande, y a tal grado que le dio un cheque en blanco *"hágase contigo como quieres"*, ¿por qué entonces los que hemos sido comprados con la sangre de Cristo y somos ahora los hijos de las promesas nos conformamos con tan poco? No olvides que Jesús le dijo a esta mujer que la sanidad es el pan de los hijos.

Tú y yo tenemos todo el derecho a pedirle al Señor, no solo que nos sane a nosotros, sino que sane también a nuestros hijos. Es una pena que una mujer comiendo migajas del pan que cayó de la mesa de Jesús pudo llegar a un nivel de fe que maravilló a Jesús; y nosotros que tenemos la mesa servida como hijos, ni tan siquiera hacemos el esfuerzo por conseguir lo que por derecho nos pertenece.

5 — La Fe de la Mujer del Flujo de Sangre

"La Fe que Conecta con el Poder"

"Fue, pues, con Él; y le seguía una gran multitud, y le apretaban. Pero una mujer que desde hacía doce años padecía de flujo de sangre, y había sufrido mucho de muchos médicos, y gastado todo lo que tenía, y nada había aprovechado, antes le iba peor, cuando oyó hablar de Jesús, vino por detrás entre la multitud, y tocó su manto. Porque decía: Si tocare tan solamente su manto, seré salva. Y en seguida la fuente de su sangre se secó; y sintió en el cuerpo que estaba sana de aquel azote."

Marcos 5:24-29

"Y Él le dijo: Hija, tu fe te ha hecho salva; vé en paz, y queda sana de tu azote."

Marcos 5:34

Lo que tú has oído de Jesús puede determinar el futuro de tu vida. Lo que alteró completamente la historia de sufrimiento, desesperación y pobreza de esta mujer fueron las buenas nuevas que un día alguien le trajo. Esta mujer había perdido toda la fe y toda la esperanza de volver a recobrar la salud que había perdido.

Por doce años había hecho lo indecible para cambiar su trágica situación. Su condición de flujo de sangre era responsable que estuviera sumida en la pobreza. El relato nos dice que *"había sufrido de muchos médicos, y gastado todo lo que tenía, y nada había aprovechado, antes le iba peor".* Esta es la condición de millares de personas que han gastado todos sus medios económicos tratando de buscar una cura para su enfermedad incurable.

Esta mujer tenía muchas cosas en su contra para no hacer nada para tratar de remediar su situación. Los muchos años de enfermedad siempre hacen que la persona tome una actitud de pesimismo y derrota ante la vida. ¿Para qué seguir tratando? Además de esto, la ley consideraba a esta mujer como un ser inmundo que no podía juntarse con las demás personas. Como consecuencia de la constante pérdida de sangre ella era una persona débil.

Nada de esto pudo hacerla quedar en casa. Las noticias de un predicador que andaba haciendo bienes y sanando a todos los oprimidos por el diablo sonaban muy bien a sus oídos para ella no hacer nada el respecto. Llegó el día cuando la fe era tan fuerte en su corazón que salió de su casa para buscar a Jesús.

Sin saberlo, esta mujer operó en uno de los más poderosos principios de fe. La Biblia dice que mientras ella iba detrás de Jesús, decía: *"Si tocare tan solamente su manto, seré salva".* Creo que desde que salió de su casa esta mujer repitió estas palabras hasta que pudo llegar cerca de Jesús. Como todos los otros ejemplos que hemos estudiado hasta ahora ella se encontró con los desafíos a su fe (Lee mi libro **"Confrontando los Desafíos de la Vida"**).

¿Cómo llegar donde Jesús si en este día le seguía una gran multitud? ¿Que sucedería si alguien notaba que una mujer inmunda se estaba acercando a la gente limpia? ¿Qué pasaría si en el intento de llegar a Jesús se desmayaba y quedaba oprimida por la multitud? ¿Será este hombre un verdadero profeta o será otro de los muchos farsantes que aparecían en Israel reclamando que eran el Mesías?

Nada detuvo a esta mujer porque era una mujer de fe. Esa fe la había procesado en su corazón después de haber oído acerca de los muchos milagros que Jesús había hecho. Ahora era el momento de poner esa fe en obra y para desatar esa fe ella caminó hacia Jesús con la confesión continuamente de fe en su boca, *"Si tocare tan solamente su manto, seré salva".* Y por fin se atrevió a tomar una decisión arriesgada. Se metió por el medio de la multitud, extendió la mano, y toco finalmente el borde del vestido de Jesús. ¡Milagro de milagros! *"Y en seguida la fuente de su sangre se secó; y sintió en el cuerpo que estaba sana de aquel azote".*

"¿Qué hago ahora? Me quedo callada y me voy a casa, o le cuento a alguien lo que me acaba de suceder?" Casi no termina la mujer de pensar esto cuando Jesús le dice a la multitud que alguien tocó sus vestidos y recibió el poder que salió de Él. Los discípulos siempre tenían una solución natural para todo: *"Ves que la multitud te aprieta".* Jesús sabía que lo que había pasado era algo más que un apretón incidental. Alguien le había hecho una demanda al poder que residía en Él y Él quería saber quién era.

De repente la mujer que había recibido su milagro vino a Jesús temblando y temiendo, y se postró ante Él. Nota bien lo que Jesús le dijo a esta mujer: *"Hija, tu fe te ha hecho salva; vé en paz, y queda sana de tu azote".* Jesús no le dijo: Mi poder te ha hecho salva (sana), aunque era una realidad que poder había salido de Jesús porque Él lo había notado. Fue el toque de fe de esta mujer lo que activó la manifestación del poder de Dios para sanarla.

Miles tocaron a Jesús en ese día, pero este toque era diferente; este era el toque de fe el cual siempre nos conecta con el poder. No sé si hasta ahora te has convencido que la fe es un elemento indispensable para recibir la sanidad del cuerpo, como lo fue para recibir la sanidad del alma.

Me he dado cuenta en mi propio ministerio de sanidad que las personas que reciben su sanidad son aquellas que ya vienen de sus hogares con la expectación en su corazón y con la buena confesión en su boca. Estos no están esperando que yo les ruegue que pasen para la oración de fe. Algunos son sanados simplemente escuchando la predicación de la Palabra, y con otros, sin casi llegar a imponer las manos sobre ellos, ya su fe hizo contacto con el poder de sale de mí.

Recuerda que el poder de Jesús para sanar siempre está disponible. ¿Está disponible tu fe para vencer todos los obstáculos y echarle mano a ese poder? De esto puede depender tu salud y aun el disfrute de una vida larga.

6 — La Fe del Ciego Bartimeo

"La Fe que Pide con Definición"

"Entonces vinieron a Jericó; y al salir de Jericó Él y sus discípulos, y una gran multitud, Bartimeo el ciego, hijo de Timeo, estaba sentado junto al camino mendigando. Y oyendo que era Jesús Nazareno, comenzó a dar voces y a decir: ¡Jesús, Hijo de David, ten misericordia de mí! Y muchos le reprendían para que callase, pero él clamaba mucho más: ¡Jesús, Hijo de David, ten misericordia de mí! Entonces Jesús, deteniéndose mandó llamarle; y llamaron al ciego diciéndoles: Ten confianza; levántate, te llama. El entonces, arrojando su capa, se levantó y vino a Jesús.

Respondiendo Jesús, le dijo: ¿Qué quieres que te haga?
Y el ciego le dijo: Maestro, que recobre la vista. Y Jesús
le dijo: Vete, tu fe te ha salvado. Y en seguida recobró la
vista, y seguía a Jesús en el camino."

Marcos 10:46-52

Bartimeo era un ciego que mendigaba junto al camino. Un día decidió que era tiempo de dejar su profesión de pordiosero porque algo nuevo estaba por suceder en su vida. Mientras estaba sentando en su puesto en el camino descubrió que ese día Jesús venía a Jericó. Es posible que ese día Bartimeo se sentó en un lugar estratégico del camino desde donde pudiera captar la atención de Jesús. Aunque no tenía visión, sus oídos estaban muy atentos a la conmoción de la multitud que se acercaba. Cuando Bartimeo supo que Jesús iba a pasar cerca de él empezó a dar gritos despavoridos: *"¡Jesús, Hijo de David, ten misericordia de mí!"*

Si él creyó que iba a encontrar compasión de parte de la multitud, se llevó una gran sorpresa. Muchos le reprendían para que callase. Esto no le desanimó ni lo hizo desistir de su visión de recibir un milagro de Jesús. Mientras más le decían que callase, más fuerte él gritaba: *"¡Hijo de David, ten misericordia de mí!"* Fue tanta la insistencia de este hombre, que detuvo a Jesús y Jesús mandó a llamarle.

Algo me prueba a mí que Bartimeo tenía una gran expectativa de ser sanado. Enseguida que Jesús lo llamó arrojó la capa, que era lo que le daba a él licencia para pedir limosna. Recuerda que él no tuvo fe porque arrojó la capa, él arrojó la capa porque tenía fe. No dejes de tomar tu medicina para tener fe. Tú eres quien sabe si tienes fe para dejar de tomar tus medicamentos.

Me atrevo asegurar que Bartimeo pensó que Jesús inmediatamente le pondría las manos en los ojos y le devolvería su vista. En vez de Jesús hacer esto, Él le hizo una pregunta que parece un poco redundante: *¿Qué quieres que te haga?* Bartimeo pudo pensar para sus adentros; ¿Qué le pasa a este tipo? ¿No sabe Él que soy ciego y que acabo de botar mi capa de mendigo? No sé lo que pasó por su mente, pero él le contestó: *"Que recobre la vista".*

¿Por que Jesús le hizo esta pregunta obvia a Bartimeo. Hasta ahora Bartimeo estaba operando más en auto-conmiseración que en una verdadera fe. Todavía de los labios de Bartimeo no había salido una verdadera petición. La verdadera fe siempre requiere que seamos específicos en lo que pedimos. Fue cuando Bartimeo le dijo a Jesús lo que él quería, recobrar la vista, que empezó a operar en la fe que siempre consigue el objeto deseado.

Lo que pensamos que es fe, muchas veces no lo es. Podemos llorar, gemir y aun clamar a Dios, pero si no somos específicos en lo que pedimos, nunca lo recibiremos. Fe es la substancia de las cosas que se esperan, y esas cosas hay que definirlas con palabras. Después que Bartimeo definió su necesidad, Jesús no tuvo que hacer nada más, solo decirle: *"Vete, tu fe te ha salvado (sanado)".*

¿Notas una vez más que Jesús le dijo: **TU FE**? Hoy Jesús te hace la misma pregunta: *"¿Qué quieres que te haga?"* Solo tú y nadie más puede contestar la pregunta.

7 — La Fe de Jairo

"La Fe que Vence el Temor"

"Mientras El aún hablaba, vinieron de casa del principal de la sinagoga diciendo: Tu hija ha muerto; ¿para qué molestas más al Maestro? Pero Jesús, luego

que oyó lo que se decía, dijo al principal de la sinagoga: No temas, cree solamente."

Marcos 5:35,36

Ya he dicho anteriormente que hay diferentes niveles de fe en distintas personas. Esto se puede deber a distintos factores en la vida del individuo. Puede que el nivel de fe de una persona dependa de su dedicación a la Palabra de Dios, de cuan genuina es su búsqueda diaria de Dios, o de las experiencias de fe que ha tenido anteriormente.

Es interesante observar cómo un oficial del ejército de Roma (el centurión de Mateo 8) tenía un nivel de fe superior al que tenía un principal de la sinagoga. El Centurión vino a Jesús para que sanara su criado; no permitió que Jesús fuera a su casa, porque él tenía fe de que era suficiente con que Jesús enviara la palabra y sanara a su hijo a la distancia. Jairo, por el contrario, quiso que Jesús fuera a su casa.

"Y vino uno de los principales de la sinagoga, llamado Jairo; y luego que le vio, se postró a sus pies, y le rogaba mucho diciendo: Mi hija está agonizando; ven y pon las manos sobre ella para que sea salva, y vivirá. Fue, pues, con Él; y le seguía una gran multitud, y le apretaban."

Marcos 5:22-24

La fe de Jairo no estaba en la Palabra de Jesús, sino en que Jesús fuera a su casa y le impusiera manos a su hija. Algo que he aprendido escribiendo este capítulo es cómo Jesús le ministra a la persona en el nivel que ella se encuentra. Casi nunca encontramos a Jesús regañando al enfermo porque no tiene suficiente fe o porque no tenga fe. En todo caso Jesús lo que hace es estimular a la persona para que empiece en el nivel de fe que está hasta que puede remontarse a uno más alto. Por eso Jesús cuando Jairo lo invitó a ir a su casa a sanar su hijo; Jesús simplemente fue con él.

Con lo que Jairo no contaba era que en el camino Jesús iba ser interrumpido con otras personas que también le estaban haciendo una demanda al poder sanador de Jesús. Una de estas, que ya estudiamos en este capítulo detuvo a Jesús cuando lo tocó con fe. Parece que lo detuvo un largo rato después que Jesús la sanó porque el relato dice que le dijo toda la verdad. Imagínate cuando una mujer cuenta todos los detalles de las experiencias de su vida. Puede que esto sea pura conjetura, pero es posible que así le pasó a la mujer del flujo de sangre.

Está Jesús aún hablando con esta mujer cuando vino un mensajero de la casa de Jairo con la mala noticia que su hija había muerto. En otras palabras, no hay razón para que sigas molestando más al Maestro. Como Jesús siempre estaba al tanto de todo y nunca perdió el control de ninguna situación, Él oyó la mala noticia. Jesús no se turbó ni se enojo porque esta otra mujer enferma lo había detenido con su fe. Lo único que Jesús le dijo fue: *"No temas, cree solamente"*. Jesús sabía que la naturaleza del ser humano es temer siempre que recibe una mala noticia. Por eso enseguida le dio esta exhortación de fe a Jairo.

Es posible que cuando tú estés creyendo por algo, la situación se ponga peor y como que nunca verás lo que has creído. Es entonces donde tenemos que creer absolutamente en Dios y en su Palabra para evitar que el temor se apodere de nuestro corazón y perdamos el milagro. La frase de Jesús *CREE SOLAMENTE* indica que para que el milagro se complete tenemos que impedir que el temor entre a nuestro espíritu.

¿Cómo hacemos eso? Inunda tu corazón con las palabras de fe y poder, y evitarás así que el temor halle cabida. Recuerda que el temor es fe en reversa. Si estás lleno de la fe de Dios podrás vencer porque el hombre que se llena de la Palabra:

"No tendrá temor de malas noticias; su corazón está firme, confiado en Jehová."

Salmo 112:7

Amigo y hermano, si has invitado a Jesús a tu casa para que resuelva alguna situación de enfermedad, no divagues en tu fe. Él viene de camino, y no importa cuanto se tarde, cuando Él llegue todo va a estar bien. No temas, solamente cree y verá las gloria de Dios. Quizás tendrás que dejar los incrédulos afuera, porque no todos entienden que para que el que no teme, sino cree, todas las cosas le son posibles.

El hecho de que Jesús resucitó a la hija de Jairo es una prueba de que Jairo se mantuvo creyendo la palabra de Jesús hasta que llegó a su casa y recibió el milagro de ver otra vez con vida a su hija querida. ¡Gloria a Dios! que Él *es rico para con todos los que le invocan* (Romanos 10:12).

¿Por Qué Jesús no Sanó a Todos?

Creo que te he dado suficiente prueba de la Palabra de Dios para que tú puedas entender el papel tan importante que desempeña la fe para recibir tu sanidad. Después de haber estudiado el ministerio de sanidad de Jesús por más de 30 años me di cuenta que Jesús nunca dejó de sanar a todo aquel que vino a Él con fe. Hay ciertas ideas equivocadas sobre el ministerio de sanidad de Jesús. Un ejemplo de ellas es que Él anduvo sanando a todo el que encontró en el camino independientemente de la actitud del enfermo, o la actitud de los que trajeron al enfermo a Jesús.

Tenemos un ejemplo en los evangelios donde está claro que Cristo no pudo hacer grandes milagros por causa de la incredulidad de la gente. El evangelista Lucas nos dice que Jesús vino a su tierra en el poder y la unción del Espíritu Santo. A pesar de esto Marcos nos dice que la gente de su ciudad no se apropió de esa poderosa unción para recibir milagros.

> *"Mas Jesús les decía: No hay profeta sin honra sino en su propia tierra, y entre sus parientes, y en su casa. <u>Y no pudo hacer allí ningún milagro,</u> salvo que <u>sanó a unos pocos enfermos,</u> poniendo sobre ellos las manos. Y estaba asombrado de la incredulidad de ellos. Y recorría las aldeas de alrededor, enseñando."*
>
> **Marcos 6:4-6**

El relato de Marcos no dice que Jesús no quiso hacer grandes milagros de sanidad en Nazaret; dice que Él no pudo. ¿Cómo es posible que teniendo Jesús toda la unción del Espíritu Santo de acuerdo a Hechos 10:38 no pudo hacer los milagros que hizo en otros lugares? Porque no había fe para recibir estos milagros. La situación era tan dura que la Biblia dice que Jesús se asombró de la incredulidad de ellos.

Muy diferente a su encuentro con el centurión que asombró a Jesús con un nivel tan alto de fe que no permitió que Jesús fuera a su casa. Es evidente que en otras ciudades donde la gente acudió a Jesús con una expectativa de fe todos fueron sanados. Mateo 8:16 dice:

> *"Y cuando llegó la noche trajeron a Él muchos endemoniados; y con la palabra echó fuera a los demonios, y <u>sanó a todos los enfermos.</u>"*

Pensamiento

No seas como la gente de Nazaret que teniendo la sanidad en sus medios la perdieron por causa de la incredulidad.

Capítulo 9

EL PODER DEL NOMBRE DE JESÚS

Hay una herramienta muy poderosa y efectiva para recibir la sanidad del cuerpo, o para orar por los que están enfermos. El buen uso de esta herramienta puede hacer más fácil el recibir la sanidad del cuerpo o cualquiera otra petición que le hagamos a Dios. Cuando JESÚS estaba en la tierra, Él tenía el poder y la autoridad del Padre para sanar los enfermos.

El hecho de que JESÚS se fue al cielo no indica que se llevó esa autoridad, y hoy estamos a la merced del diablo para que destruya nuestras almas y nuestros cuerpos. Es cierto que JESÚS se fue, pero nos dejó el arma poderosa de su NOMBRE para que por medio de ella podamos destruir todas las obras del diablo.

La mayoría de los cristianos no tienen la mínima idea del poder y la autoridad que reside en el nombre de Cristo. Creemos que el nombre de JESÚS es solamente una bonita frase que la decimos cuando estamos en momentos de apuros, o una formula tradicional para concluir nuestras oraciones.

Es una pena que aun los que nos llamamos cristianos pentecostales o carismáticos, no nos hemos apropiado de las inmensurables riquezas que JESÚS nos dejó en su nombre. Me atrevo asegurar que la pobreza espiritual y la falta de poder que tienen muchos creyentes se debe a la falta de revelación del nombre de JESÚS.

El nombre de JESÚS no es una fórmula mágica que la usamos para tener buena suerte, como usan algunos una patita de conejo, o una cuenta de azabache. Bajo ninguna circunstancia Dios le delega la autoridad a ninguna persona de usar el nombre de Hijo a menos que esta persona tenga una relación personal con JESÚS y esté caminando en una vida de santidad.

Recordemos la historia del libro de los Hechos acerca de los hijos de Esceva, quienes trataron de invocar el nombre de JESÚS sobre los que tenían espíritus inmundos(Hechos 19:13). Como estos siete muchachos no eran salvos, ni llenos del Espíritu Santo el espíritu malo les respondió: *"A JESÚS conozco, y sé quien es Pablo; pero vosotros, ¿quiénes sois?"* Y no creas que la experiencia que tuvieron estos atrevidos, pero ignorantes chicos fue muy agradable.

"Y el hombre en quien estaba el espíritu malo, saltando sobre ellos, y dominándolos, pudo más que ellos, de tal manera que huyeron de aquella casa desnudos y heridos."

Hechos 19:16

El Significado del Nombre de JESÚS

"Y darás a luz un hijo, y llamarás su nombre JESÚS, porque Él salvará a su pueblo de sus pecados."

Mateo 1:21

Dios consideraba el nombre de su Hijo tan importante que no permitió que ninguno de sus padres terrenales le pusiera nombre. Debemos entender al comienzo del estudio de este tema; que el nombre que se le pone a una persona tiene más influencia que lo que podamos pensar. En la cultura hebrea el nombre que se le daba a un recién nacido determinaba las condiciones de su nacimiento, su conducta, y aun su destino profético. Por esta razón Moisés fue llamado por ese nombre (significando "sacado de las aguas") porque fue sacado de las aguas del Río Nilo. Abraham llamó al hijo de las promesas Isaac (risa) por el gozo que traería a la vida de estos padres de edad avanzada.

Cuando el Ángel Gabriel visitó en sueño a José para decirle que no tuviera temor en tomar a María como su esposa, porque lo que en ella fue engendrado era obra del Espíritu Santo; le ordenó que llamará su nombre JESÚS. ¿Por qué JESÚS y no Pedro o Juan? Porque el nombre JESÚS contiene cuál era la misión principal del Mesías. El nombre JESÚS es el equivalente del nombre hebreo Josué, y significa "Jehová es salvación o "Jehová es el Salvador".

El propósito de Dios al nombrar a su Hijo por este nombre era triple: (1) Que el mismo JESÚS desde su infancia estuviera concientizado de cuál era su destino profético; (2), que sus padres y todas las otras personas supieran que este niño tenía un papel muy importante en la historia de la raza humana; y (3), anunciarle al diablo que este era el cumplimiento de la profecía que Dios le había dado a la mujer en Génesis 3:15.

Yo sé que todos los cristianos, y aun la gente no salva sabe que JESÚS es el que nos salva del pecado;

pero lo que muchos ignoran es que la palabra "salvación" o "Salvador" no solo tiene la connotación de ser salvos del pecado y del infierno. La raíz de la palabra hebrea de donde proviene el nombre JESÚS es muy rica en significado; significa salvación, protección, liberación, sanidad, prosperidad, provisión, seguridad y salud.

Esto nos indica claramente que la verdadera salvación que JESÚS nos trajo abarca todas las áreas de la existencia humana. El mismo JESÚS que salva de pecado es el mismo que sana de enfermedades; que es el mismo JESÚS que nos protege de nuestros enemigos y nos ofrece provisión de todo bien para esta vida. Podríamos decir que es una salvación que afecta todo el ser del hombre: el espíritu, el alma y el cuerpo. La razón por la cual JESÚS salva (sana) al hombre de sus enfermedades es porque primero lo salvó de sus pecados.

> *"Pues para que sepáis que el Hijo del hombre tiene potestad en la tierra para perdonar pecados (dice entonces al paralítico): Levántate, toma tu cama, y vete a tu casa."*

Mateo 9:6

El Poder Legal del Nombre de JESÚS

Mientras JESÚS estaba presente en la tierra con sus discípulos, Él hizo las obras de Dios, no en su propio nombre, sino en el nombre del Padre. Con esto JESÚS estaba manifestando lo que Él le explicó a Felipe: *"¿No crees que yo soy en el Padre, y el Padre en mí? Las palabras que yo os hablo, no las hablo por mi propia cuenta, sino que el Padre que mora en mí, Él hace las obras"* (Juan 14:10).

Cada vez que JESÚS se encontraba con un enfermo o un endemoniado Él estaba consciente en su espíritu que el poder que actuaba en Él era el poder de su Padre y ese poder estaba investido en el Nombre de Jehová Dios de los ejércitos. Esto explica porque en su famosa oración intercesora JESÚS dijo:

"He manifestado tu <u>Nombre</u> a los hombres que del mundo me diste; tuyos eran, y me los diste, y han guardado tu Palabra."

Juan 17:6

Esta actitud de JESÚS nos da a entender que como Él no hizo ninguna obra en su propio nombre, tampoco nosotros podemos hacer nada de valor espiritual, a menos que sea en el nombre de JESÚS. Es aparente por lo que dijeron los setenta cuando regresaron de la misión a que JESÚS los envió, que ellos sanaron los enfermos y echaron fuera a los demonios en el nombre de JESÚS. Lucas 10:17 dice: *"Volvieron los setenta con gozo, diciendo: Señor, aun los demonios se nos sujetan en **tu nombre**".*

Es evidente que porque JESÚS no estaba presente, ellos habían recibido de JESÚS el poder legal para usar su nombre. ¿Te acuerdas del incidente cuando los discípulos llegaron alarmados a JESÚS, y le dijeron que habían encontrado a alguien echando demonios en su nombre y ellos se lo prohibieron?

Aunque hubo estos incidentes del uso del nombre de JESÚS mientras Él estaba en la tierra; fue después de su resurrección que el nombre de JESÚS adquirió gran significación (Marcos 16:14-20).

Después de JESÚS levantarse de los muertos se apareció a los once mismos y les reprochó su dureza de corazón porque no habían creído a los que le habían visto resucitado. Inmediatamente les dio la gran comisión de ir por todo el mundo a predicar el evangelio a toda criatura. ¿Cómo iban a poder lograr una misión tan difícil, grandiosa y peligrosa?

JESÚS les dio dos armas principales: el bautismo del Espíritu Santo (Lucas 24:49), y el nombre de JESÚS. Por medio de ese nombre ellos recibirían la autoridad para ejercer el poder y la autoridad de JESÚS en la tierra.

"Y estas señales seguirán a los creen: <u>En mi nombre</u> echarán fuera demonios; hablarán nuevas lenguas; tomarán en las manos serpientes, y si bebieren cosa mortífera, no les hará daño; sobre los enfermos pondrán las manos y sanarán."

Marcos 16:17,18

El Nombre Representa Hoy al Cristo Resucitado

"Sin embargo, para que no se divulgue más entre el pueblo, amenacémosles para que no hablen de aquí en adelante a hombre alguno en este nombre. Y llamándolos, les intimaron que en ninguna manera hablasen ni enseñasen en el nombre de <u>JESÚS</u>."

Hechos 4:17,18

Una de las pruebas más poderosas del poder del nombre de JESÚS la encontramos en el libro de los Hechos. ¿Por qué los líderes religiosos le tenían tanto miedo a que los apóstoles enseñaran en el nombre de JESÚS? Si supuestamente ellos no creían que JESÚS se había levantado de los muertos, ¿por qué entonces se oponían a la proclamación del Nombre. Esto no tiene explicación en lo natural, sino en lo espiritual; Satanás que estaba detrás de la oposición de estos líderes religiosos sí que sabía el poder que había detrás de ese Nombre.

Ya JESÚS había ido a la cruz donde fue crucificado por la ignorancia del mismo Satanás que creyó que estaba matando al Autor de la vida. Lo que los príncipes de este mundo no sabían era que la muerte de JESÚS era el medio que Dios usaría para destruir el poder y el dominio que Satanás tenía sobre la raza humana. Por tres días y tres noches hubo fiesta en las regiones infernales, pero todo cambió la mañana de resurrección.

En ese tercer día Jesucristo despojó a Satanás de las armas en las cuales él confiaba, le quitó las llaves de la muerte y del Hades; y se levantó de los muertos victorioso y glorioso con todo poder y autoridad. Por eso JESÚS le hizo el siguiente anuncio a sus discípulos: *"Toda potestad me es dada en el cielo y en la tierra"* (Mateo 28:18).

Lo glorioso del caso es que JESÚS no se llevó esa autoridad para el cielo cuando Él regresó al Padre. Recordemos que la razón por la cual JESÚS fue a la cruz y al Hades fue para reconquistar para el hombre la autoridad que éste había perdido. Cuando JESÚS le dijo a los discípulos que toda la autoridad le había sido dada, les estaba diciendo que desde esa mañana de resurrección JESÚS ejercería toda la autoridad en el cielo, pero sus seguidores la ejercerían en la tierra.

Un Nombre Sobre Todo Hombre

"Por lo cual Dios también le exaltó hasta lo sumo, y le dio un nombre que es sobre todo nombre, para que en el nombre de JESÚS se doble toda rodilla de los que están en los cielos, y en la tierra, y debajo de la tierra; y toda lengua confiese que Jesucristo es el Señor, para la gloria de Dios."

Filipenses 2:9-11

"Hecho tanto superior a los ángeles, por cuanto heredó más excelente nombre que ellos."

Hebreos 1:4

¿Cómo estos humildes hombres del vulgo iban a ejercer esa autoridad en la tierra? La respuesta es, por medio del NOMBRE. Desde ahora en adelante los creyentes de todas las edades podrían ir por todo el mundo con el mismo poder y la misma autoridad que su Señor operó en la tierra. JESÚS les había dejado algo que era tan poderosa como su misma presencia. Les dejó el derecho legal de usar su nombre para ejercer dominio absoluto sobre las obras del diablo. Con razón los líderes religiosos no podían soportar la mención del nombre de JESÚS.

Pablo nos da la revelación del poder del nombre de JESÚS. Como JESÚS no escatimó humillarse hasta la muerte de cruz, y fue obediente para cumplir toda la misión que el Padre puso en sus manos; Dios exaltó a JESÚS hasta lo sumo y le dio un NOMBRE que es sobre todo nombre. No es que Dios le cambió el nombre a JESÚS; es que Dios ahora inyectó a ese nombre con todo el poder de resurrección de su Hijo. Por lo tanto, el nombre de JESÚS en los labios del creyente tiene el poder para hacer que toda rodilla se doble en tres mundos: los cielos, la tierra, y debajo de la tierra.

El nombre de JESÚS es tan poderoso que todo otro nombre tiene que doblegarse al mismo. No importa el nombre del demonio o la enfermedad, cuando le aplicamos el poder de resurrección de ese glorioso nombre, tiene que huir. Los creyentes tienen un cheque en blanco en el nombre de JESÚS, y no lo saben. Si un multimillonario me firma un cheque y me lo entrega en blanco para yo ir al banco; yo puedo llenarlo y acudir al banco con la seguridad que los fondos están disponibles para honrar ese cheque.

El nombre de JESÚS me ha sido entregado como un cheque en blanco para que yo reciba de Dios lo que necesite para cualquier situación. Cuando el cajero del banco ve la firma del millonario, no puede rechazar el cheque. En la misma forma cada vez que le presento a Satanás la firma legal de JESÚS, su NOMBRE en mis labios, él no tiene otra alternativa que obedecer; el pecado tiene que irse, el demonio tiene que salir, y la enfermedad tiene que ser sanada. **¡Oh, qué glorioso nombre es el nombre de JESÚS!**

Lo Que Pidas en el Nombre, JESÚS lo Hará

"Y todo lo que pidiereis al Padre en mi nombre, lo haré, para que el Padre sea glorificado en el Hijo. Si algo pidiereis en mi nombre, yo lo haré."
Juan 14:13,14

No tenemos que vivir como pobres mendigos cuando tenemos un Padre tan rico. Nuestro Padre es un Dios tan bueno y misericordioso que hace salir su sol sobre malos y buenos En este verso JESÚS nos da otro cheque de fe en blanco para que tú lo lleves al banco del cielo y saques de allí lo que necesites. En esta escritura JESÚS nos asegura que cualquiera cosa que pidamos al Padre en su NOMBRE, JESÚS mismo la hará por nosotros. La palabra "pidiereis la podríamos traducir "demandaréis". El nombre de JESÚS tiene tanto poder en el cielo que JESÚS mismo nos dio el poder para demandar cosas a base del mismo.

Este verso no está hablando en sí tanto de oración y petición. Este verso está hablando más bien de demandar con la palabra de autoridad todo aquello que JESÚS compró para sus hijos. En este caso tenemos la promesa expresa de JESÚS que Él personalmente atenderá a nuestra demanda y Él lo hará por nosotros. Esto se aplica especialmente en el área de hacer las obras de Dios en la tierra. Usando el glorioso nombre de JESÚS podemos demandar que la enfermedad se largue, sea de nosotros o de otros a quienes les estemos ministrando. Como estamos usando el poder legal del nombre de JESÚS, es lo mismo como si JESÚS estuviera en la tierra ejerciendo su poder.

Lo Que Pidas en el Nombre el Padre Te lo Dará

"En aquel día no me preguntaréis nada. De cierto, de cierto os digo, que todo cuanto pidiereis al Padre en mi nombre, os lo dará."

Juan 16:23

En esta otra escritura JESÚS nos está hablando del poder de su nombre en oración. Cuando un creyente ora en el nombre de JESÚS, es como si el mismo JESÚS estuviera orando en la tierra. A nadie se le ocurre pensar que el Padre le negara alguna petición a JESÚS cuando Él estaba en el mundo. Por eso JESÚS dijo ante la tumba de Lázaro que Él sabía que el Padre siempre le oía. Es cierto que hoy JESÚS no está en la tierra, pero Él nos dejó su nombre para que tengamos la misma autoridad y los mismos resultados que JESÚS tenía en la oración.

Muchas veces oramos y creemos que Dios será movido a contestarnos meramente porque estamos sufriendo, o porque le lloramos para que Él se apiade de nosotros. Aunque es cierto que Dios se compadece de nuestras dolencias y enfermedades; lo que más mueve al Padre a socorrernos en oración es cuando sellamos toda petición con esa poderosa y gloriosa frase "**en el nombre de JESÚS**".

¿Y por qué el Padre hará esto por nosotros? JESÚS nos dijo por qué: *"En aquel día pediréis en mi nombre; y no os digo que yo rogaré al Padre por vosotros, pues el Padre mismo os ama, porque vosotros me habéis amado, y habéis creído que yo salí de Dios"* (Juan 16:26,27). Si tú amas a JESÚS y has creído de todo corazón que Él es el Hijo de Dios, entonces sí que puedes usar el nombre de JESÚS con tanta libertad, que los almacenes del cielo te serán abiertos por el mismo Padre que siempre los abrió para su Hijo JESÚS. Por esta razón JESÚS nos anima a pedir:

> *"Hasta ahora nada habéis pedido en mi nombre; pedid y recibiréis, para que vuestro gozo sea cumplido".*
>
> **Juan 16:24**

Y por la Fe en Su Nombre

> *"Y por la fe en su nombre, a éste, que vosotros veis y conocéis, le ha confirmado su nombre; y la fe que es por Él ha dado a éste esta completa sanidad en presencia de todos vosotros."*
>
> **Hechos 3:16**

Pedro y Juan tuvieron la oportunidad de poner en práctica el uso del poder legal del nombre de JESÚS. Un día estos dos apóstoles iban hacia el templo a la hora de la oración. Cuando van entrando por la puerta principal del templo, que se llama la Hermosa, un cojo que mendigaba allí cada día; les rogaba que les diera alguna limosna para su sustento. Pedro fijando en él los ojos les dijo: "Míranos". El cojo estuvo muy atento porque esperaba recibir de ellos algo. Lo menos que esperaba el cojo fue lo que sucedió:

"Mas Pedro dijo: No tengo plata ni oro, pero lo que tengo te doy; en el nombre de Jesucristo de Nazaret, levántate y anda."

Hechos 3:6

Fue una bendición que ese día estos dos hombres de Dios no cargaban plata en su bolsa (No iban para el mercado, iban a orar). Pedro sabía el poder que hay en el nombre de Cristo y que todo lo que él demandara en la tierra en ese nombre sería respaldado en los cielos. Observa bien que Pedro no oró por el cojo. Solamente dio la orden *EN EL NOMBRE DE JESUCRISTO, levántate y anda.* El poder del nombre de JESÚS se manifestó inmediatamente.

"Y tomándole por la mano derecha le levantó; y al momento se le afirmaron los pies y tobillos; y saltando, se puso en pie y anduvo; y entró con ellos en el templo, andando, y saltando, y alabando a Dios."

Hechos 3:7,8

¿Qué fue lo que ocasionó este milagro que fue tan notable que cinco mil personas fueron salvas? Este milagro causó una conmoción tan grande en la ciudad que las autoridades religiosas y políticas vinieron a arrestar los dos culpables del milagro. ¿Qué metida de patas dieron estos líderes cuando les preguntaron a Pedro y a Juan: *"¿Con qué potestad, o en qué nombre, habéis hecho vosotros esto?"* (Hechos 4:7). Esta era la oportunidad que estos atrevidos apóstoles estaban esperando para testificar del poder de JESÚS y su nombre.

"Puesto que se nos interroga hoy acerca del beneficio hecho a un hombre enfermo, de qué manera éste haya sido sanado, sea notorio a todos vosotros, y a todo el pueblo de Israel, que <u>en el nombre de Jesucristo de Nazaret,</u> a quien vosotros crucificasteis, y a quién Dios

resucitó de los muertos, por Él este hombre está en vuestra presencia sano."

Hechos 4:9,10

Nadie puede tomar ninguna gloria cuando por medio del nombre de JESÚS hace una sanidad o recibe un milagro. Pedro y Juan fueron muy enfáticos tanto con las autoridades, como lo habían sido con la multitud. Como la multitud quedó perpleja por causa de este milagro de sanidad, Pedro no quería que en sus mentes quedara alguna duda de lo que había causado el milagro.

"Viendo esto Pedro, respondió al pueblo; Varones israelitas; ¿por qué os maravilláis de esto, o por qué ponéis los ojos en nosotros, como si por nuestro poder o piedad hubiésemos hecho andar a éste?"

Hechos 3:12

¿Qué fue lo que causó este gran milagro de sanidad, si no fue el poder o la piedad de estos dos siervos de Dios? *Por la fe en su nombre* (Hechos 3:16). JESÚS simplemente confirmó el poder y la autoridad que su nombre carga en esta tierra. Ese día Pedro no simplemente usó el nombre de JESÚS como una forma mágica o como una doctrina; Pedro tenía la revelación que todo el poder de resurrección de JESÚS estaba dentro de ese nombre, y al él invocar el NOMBRE que es sobre todo nombre sobre este enfermo la enfermedad tendría que ceder. **¡Que Dios nos dé esa gloriosa revelación del poderoso nombre de JESÚS!**

Todo el que Invocare el Nombre del Señor

Si JESÚS nos ha dado tanto poder y autoridad en su nombre, los creyentes no tienen que dejarse controlar por las obras de las tinieblas. Es más, no es necesario dejar que la enfermedad entre y eche raíces en tu cuerpo, para después tener que luchar arduamente para echarla fuera. En el momento que sientas el primer síntoma de cualquier dolencia en tu cuerpo, invoca con fe y con fuerza el NOMBRE que es sobre todo nombre. Asume la misma actitud de David que no se intimidó ante Goliat, sino que lo enfrentó en el NOMBRE.

No cometas el error de tratar de vencer la enfermedad en el nombre de tu iglesia, tus buenas obras, o en el nombre de tu espiritualidad. Recuerda las palabras de Pedro ente los líderes religiosos de su tiempo: *"Y en ningún otro hay **salvación**; porque no hay otro nombre bajo el cielo, dado a los hombres, en que podamos ser **salvos"*** (Hechos 4:12). Podríamos libremente traducir este verso: *"Y en ningún otro hay **sanidad**; porque no hay otro nombre bajo el cielo, dado a los hombres, en que podamos ser **sanos"***.

Es muy posible que la mayoría de las personas que están leyendo este libro ya confesaron el nombre de JESÚS para ser salvos de su pecado. No hay ninguna diferencia en confesar el nombre de JESÚS para sanidad del cuerpo. Ya aprendimos en un capítulo anterior, que tanto la salvación como la sanidad son partes integrantes de la obra de redención de Cristo en el Calvario. Ya Dios hizo todo lo que Él tenía que hacer para que tú y yo disfrutáramos una salvación completa. Ahora depende de nosotros para que la recibamos. Atrévete a clamar por tu sanidad como un día clamaste por tu salvación.

"Pues la Escritura dice: Todo aquel que en Él creyere, no será avergonzado. Porque no hay diferencia entre judío y griego, pues el mismo que es Señor de todos, es

rico para con todos los que le invocan; porque todo aquel que invocare el NOMBRE del SEÑOR será salvo."

Romanos 10:13

Pensamiento

No hay nombre de ninguna enfermedad o condición física que no se someta al NOMBRE que venció a Satanás y a sus demonios.

Capítulo 10
LA LEY DEL ESPÍRITU DE VIDA

Originalmente el hombre no fue creado para enfermarse y menos para morir. Tanto la enfermedad como la muerte son el resultado de la desobediencia y el pecado. Por esto Pablo nos dice: "Por tanto, como el pecado entró en el mundo por un hombre, y por el pecado la muerte, así la muerte pasó a todos los hombres, por cuanto todos pecaron" (Romanos 5:12). En sí lo que le da poder a la enfermedad y a la muerte en el ser humano es el pecado. En el momento que Adán pecó abrió la puerta para la enfermedad y la muerte.

Todo lo que recibimos de Adán como herencia espiritual es pecado, dolor, enfermedad, fracaso, pobreza y muerte. Por esta causa ningún hombre y mujer se escapan de las consecuencias del pecado de nuestros primeros padres. No es que Dios nos haga responsable del pecado original; sino que cada niño que nace en este planeta trae en su sangre la semilla de pecado, rebelión y desobediencia a Dios.

Es evidente que el hombre ha tratado de resolver esta situación valiéndose de diferentes medios humanistas. Toda religión que existe hoy en el mundo, no es otra cosa, sino un intento de recuperar todo lo que Adán perdió. Desde que Adán trató de cubrir su pecado con un vestido de hojas de higueras, el hombre no ha desistido en su manía de cubrir su rebelión y su pecado usando diferentes medios. Todos los rituales, filosofías, y ciencias ocultas que la humanidad se ha inventado nunca podrán resolver el problema del ser humano.

La Biblia dice muy claro cual es la condición de toda persona que nace en este planeta. Pablo le dice a los Efesios: *"Y Él os dio vida a vosotros cuando estabais muertos en vuestros delitos y pecados"* (Efesios 2:1). Desde el punto de vista de Dios los pecadores están muertos en delitos y pecados. Esto de ninguna manera implica que el hombre no tenga espíritu, sino que su espíritu en su separación de Dios, está como si estuviera muerto. A esto le llamamos muerte espiritual.

Hay solamente una solución para esta condición del ser humano. El hombre no perdió ni religión, ni doctrina ni una filosofía cuando pecó contra Dios. El hombre perdió lo único que lo hace diferente a los otros miembros de la creación, la vida de Dios. Esa vida estaba en su espíritu y era lo que permitía que el hombre tuviera una relación y una comunión perfecta con Dios.

Al pecar el hombre perdió esa vida divina. Por eso fue que Adán y Eva se escondieron y no pudieron darle la cara a Dios después de pecar. Se hallaron desnudos, ajenos de la vida de Dios, sin fe y sin esperanza en el mundo. ¿Qué hizo Dios con esta pareja confundida? Los vistió con la piel de un cordero, significando con esto que solamente por medio del derramamiento de sangre de un cordero sin mancha y sin contaminación, la raza humana podría regresar a ser partícipe de la vida de Dios. Ese cordero es JESÚS, quien también es el último Adán, quien nos devolvería todo lo que perdimos en el Edén.

"Pero el don no fue como la transgresión; porque si por la transgresión de aquel uno murieron los muchos, abundaron más para los muchos la gracia y el don de Dios por la gracia de un hombre, Jesucristo."

Romanos 5:15

La Ley del Pecado y la Muerte

"Pero veo otra ley en mis miembros, que se revela contra la ley de mi mente, y me lleva cautivo a la ley del pecado que está en mis miembros."

Romanos 7:23

Podemos definir una ley como un principio de operación o como una regla de orden. El universo está controlado por leyes, que son las responsables de que el mismo opere siempre en la misma forma sin cambios ni desviaciones. Tenemos por ejemplo la ley de siembra y cosecha. Cualquier semilla que sembramos en la tierra se reproduce fielmente de acuerdo a su género.

La ley es fija que todo lo que el hombre sembrare, eso también cosechará. Esto es cierto en el ámbito natural, pero también es cierto en la dimensión espiritual. En la misma forma que si tú siembras naranjas, cosechas naranjas; si tú siembras odio y discordia cosecharás lo mismo. La única diferencia es que siempre la cosecha es más abundante que la siembra.

Hay una ley fija que afecta a toda persona que nace en este mundo. Se llama la ley del pecado y de la muerte. Es necesario observar que esta ley conecta el pecado con la muerte. Lo que esta ley implica es que donde quiera que hay pecado, éste será acompañado por la muerte. Esto no indica que inmediatamente que la persona peca muere.

Esto fue lo que Adán y Eva no entendieron. Dios les había advertido que el día que comieran del árbol del bien y del mal, ellos morirían. Satanás torció las palabras de Dios y les aseguró que ellos no morirían por el hecho de que comieran de un árbol. Lo que no sabían nuestros primeros padres es que morirían espiritualmente al pecar; y eso traería como consecuencia la muerte física en el futuro.

El día que Adán pecó puso en operación la ley del pecado y la muerte. Esta ley asegura que desde este momento de desobediencia a Dios el pecado sería un principio de operación en la vida de toda persona nacida en este planeta. Por más que el hombre trate de dejar de pecar por medio de sus buenas intenciones o por medio de sus tercas resoluciones, hay una ley espiritual que conduce al hombre a hacer aquello mismo que su mente le dice que no debe hacer.

Es cierto que el hombre puede en cierto grado controlar esta tendencia natural, pero nunca puede tomar total control de ella. Por eso es que ni la santa ley de Dios pudo hacerlo bajo el viejo pacto. Para confirmar esto Pablo dijo: *"Pero veo otra ley en mis miembros que se revela contra la ley de mi mente, y me lleva cautivo a la ley de pecado que mora en mis miembros"* (Romanos 7:23).

Esta ley no solamente es responsable del estado pecaminoso en el hombre, sino que también activa la muerte. El pecado causa la muerte espiritual, pero el pecado también puede acelerar la muerte física. De todos modos la muerte física es resultado directo de la muerte espiritual, sea que acontezca 5 minutos más tarde o 100 años más tarde después de la persona haber pecado. Esto lo aseguran las Escrituras cuando nos dicen que el pecado es el aguijón de la muerte. La realidad es que siempre la muerte es la paga del pecado de acuerdo a Romanos 6:23. En otras palabras, la ley del pecado activa la ley de la muerte.

Cómo Ser Libre

"Porque lo que era imposible para la ley, por cuanto era débil por la carne, Dios, enviando a su Hijo en semejanza de carne de pecado y a causa del pecado, condenó al pecado en la carne; para que la justicia de la ley se cumpliese en nosotros, que no andamos conforme a la carne, sino conforme al Espíritu."

Romanos 8:3,4

No perdamos de vista que estamos hablando de leyes espirituales, no de conceptos morales. Ya dijimos que ni aun la santa ley de Dios pudo resolver la esclavitud del ser humano a la ley del pecado y de la muerte. Pablo nos explica que la ley no pudo hacerlo porque la ley era débil por la carne. No es que la ley fuera imperfecta o fuera ilógica e irracional como algunos han dicho. No es que Dios fue injusto al darnos una ley que no podíamos cumplir. La ley era débil por la carne, pero no era débil en sí misma. La ley trataba de cambiar y controlar la conducta de los hombres, pero no podía cambiar el corazón. Hacía falta algo superior que fuera más fuerte que la ley del pecado que opera en el hombre sin Dios.

Se requería que alguien viniera a este mundo y en su cuerpo de carne venciera el pecado. Nadie podía hacerlo porque toda la descendencia de Adán había sido hecha partícipe del pecado. Dios no podía hacerlo porque hubiera sido ilegal porque Él no es hombre.

¿Cómo Dios resolvió este dilema?

"Aquel verbo se hizo carne y habitó con nosotros." Yo estoy hablando de la encarnación, que más que una misteriosa doctrina teológica, fue la solución de Dios para vencer al diablo y al pecado. Dios en la persona de su Hijo Jesús se hizo carne y vino a esta tierra como otro Adán. No vino como Dios porque Filipenses nos dice que Él se despojó a sí mismo de sus atributos de Dios para hacerse un siervo y un hombre (Filipenses 2:6-8).

La Biblia nos dice que la razón por la cual Dios envío a su Hijo en semejanza de carne de pecado, fue para condenar al pecado en la carne. Si estudiamos cuidadosamente el verso 3 de Romanos 8 llegaremos a la conclusión que Jesús condenó al pecado en la carne durante su vida en la tierra, no durante su muerte en la cruz del Calvario.

Es cierto que en la cruz Jesús cargó el pecado de todos nosotros, pero Dios tenía un propósito muy especial al permitir que Jesús viviera una vida como un hombre en esta tierra. Dios le quiso probar a Satanás que cualquier hombre con la naturaleza de Dios podía vivir en la tierra sin sucumbir al pecado y la rebelión. Jesús probó que Adán podía vencer la tentación en el Huerto del Edén porque Cristo venció la misma tentación en el Monte de la tentación.

La escritura que estamos considerando nos asegura dos cosas; que Jesús condenó al pecado en la carne, y que la justicia de la ley se puede también cumplir en nosotros. Se nos hace fácil creer lo primero porque fue Jesús quien lo hizo, pero tenemos una gran dificultad creyendo que lo segundo sea posible.

La clave está en el primer verso de Romanos 8: *"Ahora pues, ninguna condenación hay para los que están en Cristo Jesús, los que no andan conforme a la carne, sino conforme a al Espíritu"*. En primer lugar tenemos que entender que esto solamente funciona para los que están en Cristo Jesús y para los que no andan conforme a la carne, sino conforme al espíritu.

Una Ley Superior

"Porque la ley del Espíritu de vida en Cristo Jesús me ha librado de la ley del pecado y de la muerte."

Romanos 8:2

Ahora sí que llegamos al corazón de este capítulo. Hay una sola cosa que nos puede dar completa libertad de la esclavitud a la ley del pecado y de la muerte. Pablo le llama **la ley del espíritu de vida en Cristo Jesús.** Cuando Pablo usa la palabra **espíritu** en Romanos 8 no necesariamente se está refiriendo al Espíritu Santo. Pablo más bien se está refiriendo al espíritu de vida en Cristo Jesús.

¿Qué quiere decir Pablo con esta frase? La vida de Cristo tiene un espíritu que le fue dado por el Padre, en la misma forma que Adán tenia una vida que Dios sopló en su nariz (Génesis 2:7). Fue en el espíritu de esta vida divina que Jesús venció al pecado, la enfermedad, el mundo y a Satanás mientras vivió en esta tierra. Esta vida de Jesús fue probada en todos los frentes y siempre salió siendo más que vencedora sobre todos los problemas y circunstancias que la gente o el diablo trajeron contra Él.

Si esto no fuera suficiente, fue en esta vida que Jesús fue a la cruz donde sufrió la burla pública, el escarnio de sus enemigos, el abandono de sus discípulos, y aun la separación de su Padre. Esta vida nunca se rindió ante ningún reto, nunca tuvo temor, nunca se quejó, nunca miró hacia atrás buscando la línea de menor resistencia, y nunca ofendió aun a los que lo clavaban a la cruz. Esta vida fue a los infiernos donde sufrió la burla de millares de demonios que llegaron a pensar que aquel era el fin de esta vida (Hechos 2:27). Esta vida fue probada en la tierra y fue probada en el infierno y nunca perdió su espíritu de santidad, de fe y de valor.

Lo más glorioso es que esta vida no podía ser cautivada por la muerte por mucho tiempo. Solo estuvo con la muerte, pero solo con el propósito de vencer la muerte con la misma muerte (Hebreos 2:14). El domingo de resurrección el diablo, los demonios, la guardia romana, la tierra y la tumba no pudieron aguantar la explosión de esta vida cuando se levantó de los muertos. Ahora se levantó de los muertos no solo con una vida que había vencido en la vida, sino con una vida que había vencido en la muerte. ¿Estás preparado para lo que te voy a decir? Esta vida es el espíritu de vida que mora en cada creyente que ha nacido del Espíritu de Dios.

Cada persona nacida de nuevo tiene el potencial de también condenar el pecado en la carne y cumplir así la ley de Dios. El Dador de la ley no está afuera del creyente exigiéndole que haga algo que él no está capacitado para hacer. Ahora por la gracia de Dios el Dador de la ley vive dentro del creyente con todo poder, gloria y justicia.

> *"El misterio que había estado oculto desde los siglos y edades (en Dios), pero que ahora ha sido manifestado a sus santos, a quienes Dios quiso dar a conocer las riquezas de la gloria de este misterio entre los gentiles; que es Cristo en vosotros, la esperanza de gloria."*
> **Colosenses 1:26,27**

¡Gloria Dios! No hay circunstancia, no hay demonio, no hay problema que tenga más poder que la ley del Espíritu de vida en Cristo Jesús.

No negamos la realidad del pecado, y la realidad de la enfermedad. Son reales y tienen la capacidad para terminar la vida de cualquier ser humano; pero nunca olvides que hay una ley mucho más poderosa operando en el hijo de Dios, la ley del espíritu de vida en Cristo Jesús. Podemos decir que la ley del espíritu de vida en Cristo Jesús suspende en el hijo de Dios la ley del pecado y la muerte. Siempre y cuando que la persona permanezca en Cristo y ande conforme al espíritu de la ley de vida en Cristo, puede vencer tanto el pecado como la enfermedad.

Tu Cuerpo es el Templo de Dios

Esta ley de vida solo está disponible para los creyentes. De acuerdo a la Palabra el cuerpo del cristiano, al igual que su espíritu ha sido comprado por Dios. No podemos aceptar la doctrina de que Dios redimió el espíritu, pero dejó el cuerpo bajo el control de Satanás. Los que auspician esta doctrina lo hacen para excusar la repetición de la práctica de pecado en algunos que se llaman creyentes. Otros han ido al extremo de decir que el cristiano puede pecar con el cuerpo siempre y cuando que su espíritu no peque. Esto contradice radicalmente la enseñanza del Apóstol San Pablo. En la primera carta a los Corintios él dijo lo siguiente:

"¿O ignoráis que vuestro cuerpo es el templo del Espíritu Santo, el cual está en vosotros, el cual tenéis de Dios, y que no sois vuestros? Porque habéis sido comprados con precio; glorificad, pues, a Dios en vuestro cuerpo y en vuestro espíritu, los cuales son de Dios."

1 Corintios 6:19,20

Posiblemente has oído esta frase en algunos sectores del cristianismo; "el cuerpo no ha sido redimido". La lógica sigue que si el cuerpo no ha sido redimido, entonces puede seguir pecando, y no podemos esperar que los beneficios del Calvario se manifiesten en el cuerpo. Esto contradice los versos anteriores que indican: (1) el cuerpo fue comprado por precio, (2) el cuerpo es miembro de Cristo (1 Corintios 6:15), (3) el cuerpo es el templo del Espíritu Santo, (4) tu cuerpo no es tuyo sino de Dios, y (5) somos llamados a glorificar a Dios en el cuerpo, lo mismo que en el espíritu.

La Biblia nos llama a una vida de consagración donde el pecado no reine en el cuerpo. Si esto no fuera posible Dios no lo hubiera exigido por medio de Pablo.

"No reine, pues, el pecado en vuestro cuerpo mortal, de modo que lo obedezcáis en sus concupiscencias, ni tampoco presentéis vuestros miembros al pecado como instrumentos de iniquidad, sino presentaos vosotros mismos a Dios como vivos de entre los muertos, y vuestros miembros a Dios como instrumentos de justicia."

Romanos 6:12,13

Dios nos dice esto por diferentes razones. Se supone que el creyente viva una vida de justicia y santidad que agrade a Dios y sirva de testimonio en el mundo. Pero además de esto, otra razón por la cual somos llamados a no tolerar el pecado en el cuerpo, es porque el pecado siempre activa la ley de la muerte. ¿Qué es la enfermedad, sino el principio de muerte en el cuerpo?

Si entendemos esto nos daremos cuenta que la exigencia de santidad de Dios no es injusta ni irracional; es solo por amor que Dios nos manda a vivir en santidad. Dios sabe que el pecado siempre trae maldición y destrucción, y en muchos casos muerte prematura. Cuando Dios te dice que no peques no es porque Él no quiere que tú te diviertas; Él solo quiere que tú vivas una vida larga en la tierra para hacer su voluntad, y para que tú disfrutes sus bendiciones por un largo tiempo.

Aunque no lo queramos admitir hay una relación muy estrecha entre el pecado y la enfermedad. Si queremos que la ley del Espíritu de vida funcione en nosotros, tenemos que renunciar al pecado y a todas las obras de las tinieblas. Lo glorioso de todo esto es que la misma ley de vida en Cristo nos capacita para vencer el pecado, a la misma vez que nos libra de los resultados del mismo.

De acuerdo a Romanos 8:1 son los que andan conforme al espíritu los que pueden caminar en esa vida nueva de total autoridad sobre el pecado y la enfermedad. Andar conforme al espíritu significa ser controlado por esta nueva vida de resurrección de Cristo en el creyente, en vez de ser controlado por las inclinaciones de la carne.

Posiblemente te estás haciendo esta pregunta. ¿Por qué si mi cuerpo fue redimido, aun siento inclinaciones hacia el pecado? Recuerda que tu cuerpo era siervo de tu vieja naturaleza en tu espíritu, y estaba programado para el pecado. Ahora que eres salvo tienes primero que desprogramar tu mente de la vieja conducta para que el cuerpo empiece a funcionar en armonía con la nueva vida que ha recibido en Cristo. Por lo tanto no te concentres en luchar contra la carne, porque eso solo te traerá frustración. Vive ahora en el poder de la nueva creación que hay en tu espíritu y permite que la ley del espíritu de vida en Cristo Jesús tome total control de los apetitos de la carne.

"Digo, pues: Andad en el Espíritu y no satisfagáis los deseos de la carne."

Gálatas 5:16

La Vida de Jesús en tu Cuerpo

"Porque nosotros que vivimos, siempre estamos entregados a muerte por causa de Jesús, para que también la vida de Jesús se manifieste en nuestra carne mortal."

2 Corintios 4:11

Hace muchos años descubrí una escritura en la Palabra de Dios que transformó totalmente mi vida. Tengo que confesar que lo que descubrí chocó con los conceptos teológicos que había aprendido. De acuerdo a mi formación doctrinal nunca había tenido problemas creyendo que la vida de Jesús en mi espíritu era parte de la herencia que tengo como un hijo de Dios. Ahora descubría una nueva revelación que me aseguraba que el creyente puede esperar que la vida de Jesús también se manifieste en su cuerpo.

Hay un punto de vista teológico que enseña que el cuerpo del cristiano es algo vil y pecaminoso y que siempre estará sujeto a pecado, enfermedad y debilidad. De acuerdo a esta creencia la única esperanza que tiene el creyente de disfrutar de un cuerpo sano y fuerte es la resurrección del cuerpo.

Yo no creo que Dios planeó una redención incompleta para sus hijos. Dios mejor que nadie sabe que para poder cumplir su voluntad en la tierra los creyentes necesitan un cuerpo fuerte y sano. Si en el Viejo Pacto, que es un pacto inferior hubo hombres que pudieron superar el desgaste natural del cuerpo, y murieron en plena salud; ¿por qué no creer que es posible en el Nuevo Pacto que fue instituido a base de la sangre preciosa del Hijo de Dios.

Esto que estoy diciendo no es una escritura aislada que la he sacado de contexto para probar un punto de interpretación privada o individual. Permite que te dé otras escrituras que sostienen esta gloriosa realidad.

"Con Cristo estoy juntamente crucificado, y ya no vivo yo, mas vive Cristo en mí; y <u>lo que ahora vivo en la carne, lo vivo en la fe del Hijo de Dios,</u> el cual me amó y se entregó a sí mismo por mí."

Gálatas 2:20

"Y el mismo Dios de paz os santifique por completo; y <u>todo vuestro ser, espíritu, alma y cuerpo, sea guardado irreprensible</u> para la vanidad de nuestro Señor Jesucristo."

1 Tesalonicenses 5:23

"Cuando Cristo, vuestra vida, se manifieste, entonces vosotros también seréis manifestados con Él en gloria."

Colosenses 3:4

Cuando Pablo habló en 1 Corintios 4 acerca de la vida de Jesús en el cuerpo él estaba hablando de las tribulaciones y persecuciones que estaba sufriendo por causa de Cristo. Por eso él dijo que siempre estaba entregado a muerte. Una de las razones por las cuales Pablo no desmayó es por la revelación que él tenía; que lo que el enemigo enviaba para producir muerte, lo que estaba haciendo era activando la vida de Jesús en su espíritu, de forma tan maravillosa que aun su cuerpo estaba siendo inyectado con la vida de resurrección de Jesús.

El argumento de Pablo era que ningún tipo de muerte de afuera podía destruirlo porque ya la muerte de Jesús se había manifestado en su cuerpo. Por eso Pablo le dijo a los Gálatas que él estaba crucificado con Cristo. Pablo estaba muerto al mundo, al pecado, y al dominio de Satanás.

Ahora Pablo se jacta que la vida de Jesús se está manifestando en su cuerpo, de tal forma que en medio de la persecución él podía seguir llevando esa vida a otros. Lo que Pablo nos quiere enseñar es que en la medida que muramos a nosotros mismos, la vida de Jesús se manifestará, no solo en nuestro espíritu, sino también en nuestro cuerpo. Si nos consideramos muertos con Cristo como Pablo enseñó en Romanos 6, la ley del espíritu de vida en Cristo Jesús nos hará libres de la ley del pecado y la muerte.

¿Qué tenemos que hacer, entonces, para que la vida de Jesús se manifieste en nuestra carne mortal? Pablo nos dijo en Gálatas 2:22 *"que vivamos por la fe del hijo de Dios"*. Ahora en 2 Corintios 4:13 añade, que activemos esa realidad de la vida de Cristo en nosotros por medio de la confesión de fe. *"Pero teniendo el mismo espíritu de fe, conforme a lo que está escrito: Creí, por lo cual hablé, nosotros también creemos, por lo cual también hablamos"* (2 Corintios 4:13).

Lo que el Espíritu Santo nos está diciendo es que no andemos por vista o por lo que sintamos en la carne cuando somos atacados por enfermedad. Cuando seas atacado por enfermedad no confieses lo que sientes en tu cuerpo, sino que confiesa la gloriosa y poderosa realidad que la vida de Cristo está actuando en tu cuerpo para traer completa sanidad al mismo.

Viviendo en Vida de Resurrección

"Y si el Espíritu de Aquel que levantó de los muertos a Jesús mora en vosotros, el que levantó de los muertos

a Cristo Jesús vivificará también vuestros cuerpos mortales por su Espíritu que mora en vosotros."

Romanos 8:11

Me atrevo afirmar sin temor a equivocarme que la mayoría de los cristianos no se están aprovechando al máximo de todo lo que Jesús compró para ellos en la cruz. Muchos ignoran el depósito de gloria que han recibido en su espíritu como resultado del nuevo nacimiento. El nuevo nacimiento es más que la repetición de un credo, o la afirmación de nuevas convicciones religiosas.

La esencia del nuevo nacimiento es que el mismo poder que levantó a Cristo de los muertos viene a morar dentro de cada persona que recibe a Jesús como Salvador y Señor. Es tan drástico el cambio que ocurre en el individuo que la Biblia dice que es una nueva criatura (2 Corintios 5:17). No es que Dios le pone un parcho a la vieja vida; es que Dios nos suple de una vida que nunca habíamos experimentado antes.

Atrévete a explorar las bendiciones de esta nueva vida en Cristo. Pablo nos asegura que el mismo Espíritu que levantó a Cristo de los muertos habita ahora en el creyente. No es un espíritu diferente, tampoco es un espíritu gemelo. La Biblia es enfática al decir que el mismo Espíritu que esa mañana de resurrección le dio vida al cuerpo muerto de Jesús, está ahora morando en el creyente.

¿Qué es lo que está haciendo ese Espíritu dentro del creyente? ¿Ocupando espacio como una carga adicional? La Biblia dice que ese Espíritu vive dentro de nosotros para vivificar el cuerpo mortal. Fíjate que no dice que este Espíritu va a vivificar el cuerpo muerto del creyente, sino el cuerpo que está sujeto a muerte. Este verso no está hablando de la resurrección del cuerpo, sino de la sanidad y fortaleza del cuerpo por medio del Espíritu Santo.

Si tú puedes creer que el Espíritu de Dios levantó a Jesús de la tumba después de tres días de muerto, también puedes creer que ese mismo Espíritu le dará vida a tu cuerpo débil y enfermo para que se levante y camine en la vida abundante y victoriosa que Jesús prometió a los creyentes.

Esto indica, entonces, que tu sanidad está más cerca de ti que lo tú piensas; está dentro de tu espíritu. Entiende que el día que tú fuiste salvo, el Espíritu de Dios inyectó tu espíritu con la misma vida de resurrección que Jesús tuvo después que se levantó de los muertos. Lo que te estoy diciendo es que el creyente puede caminar en la misma vida de resurrección que Jesús caminó después que se levantó de los muertos.

Mi Experiencia con esta Vida

No quiero darle conclusión a este capítulo sin llevar todo lo que he dicho a la práctica. Toda doctrina es válida en la medida que es funcional. Quiero aclarar ciertos conceptos antes que llegues a concluir que estoy abogando por una existencia eterna en esta cuerpo de carne sin la necesidad del cuerpo glorificado. Todo lo que he dicho hasta ahora no niega la realidad de que hay un proceso de desgastamiento normal en el cuerpo, aun de los que somos salvos. Pablo dijo que el hombre exterior de desgasta; pero él no dijo que tiene que estar constantemente enfermo.

Tampoco he dicho que los cristianos no se enferman, o que siempre que se enferman es por causa de que estén en pecado. Lo que sí he dicho es que tenemos una ley de vida operando dentro de nosotros, que puede vencer la ley del pecado y la enfermedad, y que en cierta medida puede retardar el proceso normal de envejecimiento.

Todo esto se recibe por fe, no por argumentos o discusiones teológicas. Tienes que creer que verdaderamente el mismo espíritu que levantó a Cristo de los muertos vive y actúa en ti. Atrévete a confesarlo, especialmente cuando la enfermedad y la debilidad ataca tu cuerpo. Recuerda que tú no confiesas lo que sientes, sino como dijo Pablo *conforme a lo que esta escrito*.

¿Qué es lo que está escrito? Está escrito que hay una ley superior al pecado y a la enfermedad. Está escrito que la vida de Jesús se manifestará en tu cuerpo. Está escrito que lo que vivimos en la carne lo vivimos por la fe en el Hijo de Dios que vive dentro de nosotros. Y está escrito que el mismo Espíritu que levantó a Cristo de los muertos vivificará tu cuerpo mortal por su Espíritu que mora en ti.

Hay otra actividad que te será de tremenda ayuda para poder desatar el poder de resurrección que ya está dentro de ti. Me refiero a la práctica de orar en lenguas de acuerdo a 1 Corintios 14:4. Tenemos que admitir que la obra de la enfermedad en el cuerpo es una obra de destrucción. Por cierto que no hay ninguna gracia redentora en la enfermedad porque Dios no es el autor de la enfermedad. Si el que ora en lenguas se edifica a sí mismo entonces podemos tomar ventaja de la oración en el Espíritu para contrarrestar la enfermedad.

En un sinnúmero de ocasiones cuando me he sentido atacado por diferentes síntomas de enfermedad, he echado mano de este poderoso recurso. He aprendido que mientras más yo oro en el Espíritu más edifico mi vida espiritual. Como estoy haciendo una conexión directa con Dios mi espíritu es fortalecido y energetizado con los recursos del cielo. He tenido la experiencia que al yo perseverar orando en lenguas, mi espíritu ha sido fortalecido en tal medida que la vida de Jesús que está en mi espíritu es activada y sana mi cuerpo.

Te he dado dos actividades que son fundamentales para poder desatar el poder de la vida de Cristo en ti: la confesión de tu boca, y la oración en el Espíritu. En ambas hay un elemento común, el uso de la boca. Quiero recordarte que hay vida en tu boca. La vida y la muerte están en poder de tu lengua. Tú escoges si vas a ponerte de acuerdo con lo que Satanás está haciendo en tu cuerpo (enfermedad) o vas a ponerte de acuerdo con lo que la vida de Cristo puede hacer en ti, vivificar tu cuerpo para que viva una vida feliz, abundante y larga.

Termino este capítulo con una experiencia que tuve anoche con uno de los asistentes al culto dominical nocturno de mi iglesia. Después de haber predicado un poderoso mensaje sobre la importancia de la Palabra en la vida del creyente, me senté mientras algunos hermanos me saludaban. Una hermana de mi iglesia me presentó una hermana visita de otra iglesia y me dijo que esta hermana necesitaba ayuda. Le pregunté a esta hermana cuál era su problema. Ella me contestó rápidamente que el médico le había dicho que en tres meses iba a estar sentada en una silla de ruedas. Con una cara de depresión me dijo que no sabía qué hacer.

Solamente le hice una pregunta: "¿A quién le vas a creer, al medico o a Dios? El medico dice que en tres meses estarás en una silla de ruedas, pero Dios dice que por las heridas de Jesús tú eres sanada".

Yo estaba listo para orar por ella, pero no pude hacerlo. Su respuesta me paró en seco.

Con una frialdad espantosa me replicó: "Pues yo no sé a quien creerle".

Ahí terminó todo porque yo sabía que a esta mujer ni Jesús podía ayudarla si estuviera hablando con ella. Esta mujer tenía el poder para usar sus palabras para vida, pero ella escogió usar sus palabras para muerte.

Amigo y hermano que has leído este libro. Yo espero que tú sepas a quien creerle para que camines en la vida abundante que Jesucristo compró para todos en la cruz del Calvario. ¿Cuándo vas a empezar a creer que mayor es el que está en ti que el que está en el mundo?

Permite hoy mismo que Aquel que venció el pecado, la enfermedad y la muerte en la cruz desate dentro de ti la ley del espíritu de vida que siempre vence toda obra de pecado, enfermedad y pobreza.

Pensamiento

Vive cada día tu vida dependiendo de la ley superior de la vida de Cristo en ti.

Capítulo 11
¿POR QUÉ ALGUNOS NO SANAN?

Para aquellos que creemos en sanidad divina, y que hemos sido usados por Dios en infinidad de ocasiones para sanar los enfermos, nos queda un sentimiento de tristeza por aquellos que no reciben esta gloriosa gracia de sanidad. He estado en reuniones poderosas donde el poder de Dios estaba en manifestación y un sinnúmero de personas enfermas fueron sanadas.

Es cierto que me gozo con los que se sanan, pero tengo que admitir que si estuviera en mi poder yo los sanaría a todos. Algo que siempre recuerdo es que el mismo Jesús no sanó a todos, aunque tenía el poder para hacerlo. Sería más fácil uno suscribirse a una doctrina soberanista o fatalista para explicar acerca de los que no sanan, pero eso equivaldría a negar la revelación central de la Biblia sobre este tema.

¿Por qué algunos no sanan si está muy claro en las Escrituras que esa es la voluntad de Dios para todos los tiempos? Estoy consciente que siempre que uno trata de dar explicaciones de por qué algunos no sanan se corre el peligro de ofender las sensibilidades de aquellos hermanos sinceros que por una razón u otra no han recibido su sanidad. Bajo ninguna circunstancia es mi propósito convertirme en juez de nadie. Quiero aclarar algo sobre este delicado tema. Habrá cosas que nunca las entenderemos desde este lado del cielo, y es preferible que las dejemos en las manos de Dios.

Todos sabemos de verdaderos santos que han muerto enfermos en la mitad de sus días y pecadores que han durado 100 años. Lo que yo no entiendo se le dejo a Dios, pues Él es el único que conoce los corazones de los hombres. Algo que no puedo hacer, es evadir mi sagrada responsabilidad como maestro del Cuerpo de Cristo de estudiar las Escrituras para entender estas cosas, y poder así ayudar al mayor número de personas.

Algo que nunca haré es atribuirle a Dios lo que sabemos que es la obra de Satanás. Dios es un dios bueno y Él quiere lo mejor para sus hijos. A pesar de lo que dije en el párrafo anterior, tenemos que ser sinceros y admitir que la mayoría de los cristianos no ha vivido en el nivel de fe que es necesario para agradar a Dios. Es sorprendente la ardua oposición que hay en muchos sectores cristianos al mensaje de fe, sanidad, y prosperidad.

Es una contradicción que los mismos que le roban la fe a la gente para que no crean en sanidad, después nos juzgan sin misericordia por los que no se sanan. Quizás si toda la iglesia estuviera enseñando lo que las Sagradas Escrituras dicen sobre este tema no hubiera tantos cristianos enfermos. Me he dado cuenta que antes de poder enseñarle sanidad divina al pueblo de Dios, tengo que invertir un tiempo considerable matando las tradiciones que la misma iglesia evangélica ha creado para evitar que la gente se sane.

Algo que está bien claro en mi mente, es que nunca es la culpa de Dios si no recibimos todo lo que su Palabra promete. Por lo tanto, yo voy a hacer todo lo que esté a mi alcance para arreglar lo que está mal de mi parte. Si tu televisor no funciona, tú no llamas a la estación para discutir con el dueño, tú llevas tu aparato a un técnico para que lo repare. Recuerda que el cielo siempre está trasmitiendo señales de sanidad, pero no siempre tú y yo estamos en la condición correcta para recibir la señal.

El propósito de este capítulo no es cambiar a Dios ni su Palabra; el propósito es crear conciencia de aquellos obstáculos en nosotros que pueden impedir que recibamos esta gloriosa gracia de sanidad. Por lo menos hay siete áreas que tienen que ser reparadas en nosotros para que siempre podamos recibir la señal de sanidad. Veamos estas siete razones por las cuales algunos no reciben su sanidad.

1 —Por Falta de Conocimiento

"Mi pueblo fue destruido, porque le faltó conocimiento."

Óseas 4:6

¿Es cierto que lo que uno no conoce no hace daño? Aunque este dicho es muy popular en el idioma ingles, está muy lejos de la verdad. El hecho de que tú no sepas que la corriente del río se llevó el puente que está al frente de la autopista por la cual vas transitando, no te protege de una muerte segura, a menos que alguien te avise con tiempo. ¡Cuántos hoy están en el infierno porque no tuvieron conocimiento de la salvación, o porque escogieron ignorar la información que recibieron acerca del plan de Dios para sus vidas!

Es trágico decirlo pero hay una multitud de creyentes que no tienen conocimiento del plan de sanidad de Dios para la raza humana. En la mayor parte de los casos los responsables de esto son los ministros que no enseñan esta verdad porque ellos son los primeros que no la creen. Para mí que ellos son responsables de muchas de las personas que no reciben la sanidad.

Es evidente que las ovejas van a comer el pasto que su pastor les da. Si el único pasto que su pastor les da es el pasto que conduce a la salvación, entonces las ovejas solo van a experimentar la bendición de la salvación. En las iglesias que el único mensaje que se predica es el mensaje de salvación, es evidente que la gente tendrá fe para salvación

La Biblia dice muy claro que la fe viene por el oír la Palabra de Dios (Romanos 10:17). Pablo hizo una pregunta que es válida al respecto: *¿Y cómo oirán sin haber quien les predique?* (Romanos 10:14). Si no hay quien predique salvación la gente no oirá nada da salvación. Si no hay quien les predique sanidad, entonces la gente no oirá acerca de sanidad. Un ministro que no predica sanidad nunca puede esperar que sus ovejas tengan fe para ser sanas.

Es solamente donde la voluntad de Dios es conocida que los hombres pueden estirar su fe para recibir las promesas de Dios. La fe para sanidad no es un misterio como algunos han tratado de argumentar; la fe para sanidad viene exactamente como viene la fe para el perdón de pecados, por medio de la Palabra.

En otros casos la gente no recibe conocimiento sobre sanidad, no porque no se les predique, sino porque ellos deciden no recibir la Palabra con mansedumbre. Ellos son como la semilla que cayó junto al camino, que vinieron las aves y se la comieron. Su corazón es tan duro como un camino transitado y no es tierno para recibir con mansedumbre la Palabra de sanidad. Lucas dice que ellos pisotean la semilla. Estos son los que analizan, buscan la lógica de la Palabra, y tratan de ajustar la Palabra a su situación, en vez de ellos ajustarse a la Palabra.

La realidad es que no podemos hacer responsable al diablo de la derrota de estas personas, cuando ellos han hecho una decisión de ignorar la Palabra de Dios. No podemos ignorar la Palabra de Dios, y a la misma fe querer tener la fe que solo viene de la Palabra de Dios. Con razón el profeta dijo: *Mi pueblo fue destruido porque le faltó conocimiento*. Uno de mis propósitos al escribir este libro es darte el conocimiento que te va a evitar que seas destruido por la enfermedad.

2 — Por Causa de la Incredulidad

"E inmediatamente el padre del muchacho clamó y dijo: Creo; ayuda mi incredulidad."
Marcos 9:23

Es evidente que si no hay Palabra en el corazón, entonces lo que habrá será incredulidad. No dudo que exista un demonio de incredulidad, pero estoy casi seguro que en muchos de los casos de incredulidad, ella es el resultado de la falta de fe que siempre viene por medio de la Palabra. Un corazón lleno de Palabra será un corazón lleno de fe. Por esto te aconsejo que cada día alimentes tu fe con la Palabra y deja morir de hambre tus dudas. Jesús fue muy claro cuando Él dijo que de la abundancia del corazón es que habla la boca. Dependiendo lo que abunde en tu corazón, eso será lo que saldrá por la boca.

Hebreos 11:6 dice que *sin fe es imposible agradar a Dios.* Dios es honrado cuando alguien cree su Palabra, como dijo alguien; Dios está dispuesto a saltar por encima de un millón de incrédulos para bendecir a alguien que cree. Si más cristianos estuvieran al tanto de lo que voy a decir sobre la incredulidad, se darían con mas ahínco al estudio de la Palabra para crecer en fe.

La incredulidad es pecado porque *todo lo que no es de fe es pecado* (Romanos 14:23). La razón por la cual es pecado, es porque la incredulidad pone en duda la integridad, y fidelidad de Dios y su Palabra. Es tan serio este pecado que la Biblia dice que *los incrédulos tienen su parte en el lago de fuego juntamente con los fornicarios y hechiceros* (Apocalipsis 21:8).

Dios no puede obrar donde hay incredulidad. Yo no dije que Él no quiere obrar. Jesús en Nazaret no pudo hacer milagros significativos por causa de la incredulidad de la gente (Marcos 6:5,6). Zacarías quedó mudo cuando el ángel le anunció el milagro de concepción en su mujer Elizabet porque no creyó la palabra del ángel (Lucas 1:18-20).

Es una contradicción que siendo este hombre un ministro del templo no le creyó a Dios. En cambió, Maria que era una sencilla muchacha, con fe simple le dijo al mismo ángel: *"Hágase conmigo conforme a tu Palabra"* (Lucas 1:38). Es una ironía que muchas veces hay más fe fuera del Santuario que entre los hijos del Reino. Por eso Jesús dijo del Centurión: *"Ni aun en Israel he hallado tanta fe"* (Mateo 8:10).

Yo sé que es más fácil echarle la culpa a Dios porque no se recibió la sanidad, que admitir que estamos llenos de incredulidad. ¿Por qué tan siquiera no somos como el padre del niño lunático que reconoció su falta de fe y le dijo a Jesús que ayudara su incredulidad? Posiblemente este no es el más alto nivel de fe, pero vemos como Jesús ayudó a este hombre y le sanó a su hijo.

Hay algo maravilloso acerca de Jesús; y es que Él esta dispuesto a encontrarse contigo en el nivel de fe que tú estás, siempre que tú estés dispuesto a creer. Si Jesús no dejó perecer a Pedro cuando la fe le falló y comenzó a hundirse, tampoco te dejará hundir a ti, siempre y cuando clames a Él con la poca fe que te queda. No esperes a tener una fe perfecta para creer. Empieza en el nivel de fe que estás, sabiendo que *Jesús es el Autor y Consumador de tu fe* (Hebreos 12:2). Solo mantén los ojos en Él.

3 — Por Pecado Sin Confesar

"Si se humillare mi pueblo, sobre el cual mi nombre es invocado, y oraren, y buscaren mi rostro, y se convirtieren de sus malos caminos; entonces yo oiré desde los cielos, y perdonaré sus pecados, y sanaré su tierra."

2 Crónicas 7:14

Este punto es muy esencial en el tema que estamos tratando en este capítulo. Si una de las causas de la enfermedad es el pecado, entonces no podemos permanecer en pecado y a la misma vez esperar que Dios nos sane. No quiero abundar otra vez en este tema de la relación entre enfermedad y pecado porque ya tratamos esto en otro capítulo.

El pecado siempre ha impedido que el hombre tenga comunión con Dios. Cuando hay pecado Dios no puede hacer caso a nuestras peticiones. Podemos decir que el pecado es como una cortina que interrumpe el fluir de la gracia de Dios hacia el hombre e impide que el hombre se llegue con fe a Dios. Cuando hay pecado el corazón no puede creer; lo único que hace es reprendernos para que nos arrepintamos (1 Juan 3:20-22).

El pecado es resultado de un corazón endurecido. Un corazón endurecido ni puede creer, ni puede recibir aunque trate. Hablando en esta línea Jesús citó las siguientes palabras de Isaías: *"Porque el corazón de este pueblo se ha engrosado, y con los oídos oyen pesadamente, y han cerrado sus ojos; para que no vean con los ojos y oigan con los oídos, y con el corazón entiendan, y se conviertan, y yo los sane"* (Mateo 13:15).

Fíjate lo que sucede cuando el corazón se endurece, la persona no puede oír la Palabra, por lo tanto, no puede recibir fe. Al suceder esto se pierde la visión espiritual y el corazón deja de entender las verdades del Reino. El resultado será que la persona no pueda venir al arrepentimiento para que entonces Dios la sane.

Este asunto, entonces, es más serio de lo que pensamos. He sabido de personas que han preferido morirse enfermas antes de aceptar que estaban en pecado. Esto indica que su corazón se endureció a tal grado que perdieron toda sensibilidad por las cosas de Dios.

Lo triste del caso es que nadie puede asegurar la salvación de alguien que murió en tal rebelión a la voluntad de Dios. Hay casos donde Dios ha sanado a alguien por su misericordia, pero es solo para darle tiempo para el arrepentimiento. A las tales personas Dios le dice: *"Mira, has sido sanado; no peques más para que no te venga alguna cosa peor"* (Juan 5:14).

4 — Por la Falta de Perdón

"Y quitó Jehová la aflicción de Job, cuando él hubo orado por sus amigos; y aumentó al doble todas las cosas que habían sido de Job."

Job 42:10

Aunque este punto esta muy relacionado con el anterior quise considerarlo aparte. Por la experiencia que he tenido en el campo ministerial me atrevo asegurar que esta causa más que ninguna otra es responsable de que tantos cristianos no reciban su sanidad. La causa de la falta de perdón es la raíz de amargura. La raíz de amargura no es otra cosa que un resentimiento secreto que guarda una persona en contra de alguien que le ofendió, o en contra de alguien que no cumplió sus expectativas. La razón por la cual la falta de perdón es tan grande obstáculo para recibir la sanidad, es que la falta de perdón es falta de amor. La falta de amor atenta en contra del mismo carácter de Dios porque DIOS ES AMOR

La razón por la cual Dios nos sana es porque Él nos ama con amor entrañable. No podemos esperar que Dios nos demuestre su amor sanando, si nosotros no amamos a nuestros semejantes. Es más, Jesús enseño en el Sermón del Monte, que si nosotros no perdonamos a los hombres sus ofensas tampoco nuestro padre nos perdonará las nuestras (Mateo 6:14,15). Ahora tenemos dos problemas; no estamos caminando en amor, que es lo que hace que la fe funcione, y segundo, no tenemos el perdón de Dios por las faltas que hemos cometido.

Debemos evitar toda raíz de amargura en nuestra vida por tres razones: (1) la raíz de amargura nos impide alcanzar la gracia de Dios, (2) si no perdonamos a nuestros semejantes, Dios tampoco nos perdona a nosotros; y (3) la raíz de amargura por sí sola enferma a la persona. Cuando la persona alberga una raíz de amargura por mucho tiempo no hace falta la contribución de Satanás para que la persona enferme. El resentimiento por sí mismo hace que el cuerpo se enferme solo. Es un hecho evidente que las personas que siempre están amargadas son más propensas a enfermarse que las personas que caminan en paz, amor y gozo.

La raíz de amargura es como cualquier planta mala que crece en el patio de tu casa. El mejor momento para arrancar la mata es cuando está empezando a nacer. No esperes que la raíz se vuelva un árbol para tratar de arrancarla. Mientras más tiempo guardas y alimentas ese resentimiento, más crece y más difícil se hace arrancarlo de tu corazón. Por eso sé rápido para pedir perdón y más rápido para perdonar. Está en juego tu salud y en muchos casos la prolongación de tus días en la tierra.

Estoy escribiendo este capítulo el día 6 de Marzo del 2000. En pocos meses mi padre cumplirá 92 años de edad, y yo le atribuyo esa larga vida a que siempre ha caminado en amor, nunca ha tenido un espíritu vengativo, y siempre ha tratado de estar en paz con todos los hombres. Con la gracia de Dios yo pienso hacer lo mismo.

5 — Por No Discernir el Cuerpo de Cristo

"Porque el que come y bebe indignamente, sin discernir el cuerpo del Señor, juicio come y bebe para sí. Por lo cual hay muchos enfermos y debilitados entre vosotros, y muchos duermen."

1 Corintios 11:29,30

Aunque nos duela admitirlo, hay tanta enfermedad entre los cristianos como la que hay entre los pecadores. ¿A qué se debe esto? Aun entre aquellos que creen la doctrina de la sanidad divina, hay mucha enfermedad. Haz una invitación para orar por los enfermos en muchas iglesias y más de la mitad de la iglesia pasa al frente. Yo creo que la razón principal de esto, es que no hemos aprendido a discernir el cuerpo de Cristo. En este aspecto no somos diferentes a la Iglesia de Corinto.

Pablo le advirtió a los cristianos en Corinto que la razón por la cual había muchos enfermos entre ellos era porque no estaban discerniendo el cuerpo de Cristo. No discernir el cuerpo de Cristo envuelve dos aspectos.

Primero, significa que estamos participando de la Santa Cena indignamente. No estamos entendiendo que el pan significa el cuerpo de Cristo, que fue quebrantado para la sanidad de nuestros cuerpos; y no estamos discerniendo la Copa, que significa la sangre de Cristo, que fue derramada para remisión de nuestros pecados. Además de esta falta de revelación al tomar la Santa Cena, las personas que comen la Santa Cena en pecado traen juicio sobre ellos. Ese juicio puede ser enfermedad, debilidad, y muerte prematura.

El segundo aspecto de esta amonestación de Pablo no es menos importante. En la iglesia de Corinto había mucha división entre diferentes grupos que declaraban lealtad a diferentes ministerios. Por eso Pablo tuvo que decirles que todos eran una bola de carnales. Pablo les hizo una pregunta: *¿Acaso está dividido Cristo?* (1 Corintios 1:13).

No solo ellos, no estaban discerniendo el cuerpo físico de Cristo, tampoco estaban discerniendo el Cuerpo espiritual de Cristo. Esto indica que no estaban caminando en amor unos para con otros. Había celos, contiendas y competencias dentro de la iglesia. Eso provocó que el poder sanador de Cristo dejara de fluir en el cuerpo, y entrara enfermedad, debilidad, y muerte prematura.

Las cosas no han cambiado mucho. Las divisiones que hay hoy en día dentro de la iglesia local y a nivel de ciudad han contribuido considerablemente a que haya tanta enfermedad dentro del cuerpo de Cristo. Parece que se nos ha olvidado que hay una sentencia en la Biblia para aquellos que atentan en contra de la vida de la Iglesia. Pablo dijo que *si alguno destruye el templo de Dios, Dios le destruirá a él* (1 Corintios 3:17). Todo el que causa división en una iglesia, y todo el que sale mal de una iglesia difamando al pastor está expuesto a este juicio, y puede terminar enfermo, débil o hasta tener una muerte prematura, porque no discernió el Cuerpo del Cristo.

6 — Por Rehusar Hacer la Voluntad de Dios

"No seas sabio en tu propia opinión; teme a Jehová, y apártate del mal; Porque será medicina a tu cuerpo, y refrigerio para tus huesos."
Proverbios 3:7,8

El no hacer la voluntad de Dios equivale a rebelión contra el gobierno de Dios. La mejor protección espiritual para un hijo de Dios es *habitando al abrigo del Altísimo y morando bajo la sombra del Omnipotente* (Salmo 91:1) Para poder morar en ese lugar, donde no te sobrevendrá mal ni plaga tocará tu morada, se requiere una obediencia absoluta a Dios y a su Palabra. Aunque pocos hombres han llegado a ese lugar; hay un lugar en Dios donde ninguna enfermedad alcanza a la persona que ha conquistado ese lugar secreto con Dios. Creo que Moisés y Cristo alcanzaron ese lugar.

Este lugar de comunión y obediencia a Dios es un lugar de protección. No es que necesariamente Dios castigue a la persona porque rehúse hacer la voluntad de Dios. En el momento que un individuo se rebela contra la voluntad de Dios se sale de esa protección espiritual, y es un blanco para los dardos encendidos del maligno. Esto explica porque personas que tienen un llamado especial de Dios, y se rehúsan a hacerlo son muy dados a accidentes trágicos, enfermedades, y en muchos casos muerte prematura.

Otro gran peligro es haber tenido un ministerio donde le hemos hecho daño al reino de Satanás salvando los perdidos, liberando los endemoniados, y sanando los enfermos; y después volverse atrás. Satanás nunca perdona lo que uno hizo contra él cuando uno estaba en la voluntad de Dios. En el preciso momento que Satanás sepa que uno se ha salido del centro de la voluntad de Dios, él viene como león rugiente para devorar con tragedia, enfermedad, y muerte prematura.

Lo más triste del caso es que tampoco uno tiene la ayuda y protección de Dios para librar y para sanar. Es mejor vivir en la voluntad de Dios. Vivir fuera de ella cuesta, pero vivir dentro de ella paga y paga bien, *porque la piedad para todo aprovecha, pues tiene promesas para esta vida y para la venidera* (1 Timoteo 4:8).

7 — La Confesión Negativa

"El que quiere amar la vida y ver días buenos, refrene su lengua de mal, y sus labios de hablar engaño."

1 Pedro 3:10

La realidad es que hay millares de personas que se enferman a sí mismas por medio de las palabras negativas de derrota y enfermedad que siempre tienen en sus labios. Hay una conexión muy estrecha entre las palabras que uno habla y el estado del cuerpo. Las palabras de tu boca tienen el poder de sanarte o el poder de enfermarte.

El hombre a la semejanza de Dios tiene un poder creativo en su lengua. Este poder que Dios se lo dio para edificar un mundo de paz, salud y prosperidad, se pude pervertir. Toda palabra que uno habla es un espíritu; puede ser un espíritu para dar vida o puede ser un espíritu para traer destrucción.

La Biblia esta repleta de amonestaciones acerca del uso correcto e incorrecto de la lengua. Salomón dijo entre otras cosas:

"Hay hombres cuyas palabras son como golpes de espada; mas la lengua de los sabios es medicina."

Proverbios 12:18

"La lengua apacible es árbol de vida; mas la perversidad de ella es quebrantamiento de espíritu."

Proverbios 15:4

"La muerte y la vida están en poder de la lengua, y el que la ama comerá de sus frutos."

Proverbios 18:21

Básicamente el problema no está en la lengua. La lengua solamente expresa lo que abunda en el corazón. Llena tu corazón con todas las promesas de sanidad que hay en la Palabra de Dios y verás que tu corazón será una fuente inagotable de salud y vida. Si la vida y la muerte están en poder de la lengua, entonces no podemos hacer responsable ni a Dios ni a

Satanás por las enfermedades que atraemos por medio de las palabras que hablamos.

Siempre me ha gustado escuchar bien a otras personas. Me he dado cuenta que la mayoría de las personas tiene un vocabulario lleno de palabras que denotan temor, debilidad, enfermedad y muerte. Yo te aconsejo que si quieres vivir en salud, saques inmediatamente de tu léxico toda expresión que no produce fe, poder, vida y sanidad.

Si verdaderamente tú amas tu vida y quieres ver días buenos, sigue el consejo de David de *guardar tu lengua del mal y tus labios de hablar engaño* (Salmo 34:13). Permite que tu lengua sea medicina a tu propio cuerpo y un árbol de vida donde los que te escuchen puedan comer del fruto de vida.

Tus palabras manifiestan una de dos cosas, tu fe o tu incredulidad. Tanto Dios como el enemigo toman tus palabras muy en serio. Satanás las usa para traer destrucción y calamidad, pero Dios las usa para traer salud y vida. Esto es tan serio que el mismo Dios no puede revertir las palabras negativas que una persona habla. Cuando los 10 hombres que fueron a espiar la tierra de Canaán trajeron un informe negativo a la congregación de los hijos de Israel ellos confesaron: *"¡Ojalá muriéramos en la tierra de Egipto: o en esta desierto ojalá muriéramos!* "(Números14:2).

Con estas palabras sellaron ese día su destino. Más tarde Dios mismo le dijo a Moisés: *"Diles: Vivo yo, dice Jehová, que según habéis hablado a mis oídos, así haré yo con vosotros"* (Números14:28). Decide hoy si vas a hablar palabras de vida a los oídos de Dios o palabras de muerte. ¡Qué poder hay en tu lengua! Úsalo para salud, vida y prosperidad para que veas Dios buenos.

Pensamiento Bíblico

No seas sabio en tu propia opinión, teme a Jehová y aparte del mal; porque será medicina a tu cuerpo y refrigerio a tus huesos.

Proverbios 3:7,6

Capítulo 12
LOS MEDIOS
PARA RECIBIR TU SANIDAD

Si me tomé el trabajo de escribir este libro es solamente porque estoy convencido que es la voluntad de Dios sanar a sus hijos. Creo que te he dado bastante material de la Palabra de Dios para ayudar a alimentar tu fe. No sé si has notado que casi no he compartido muchos testimonios de sanidad en este libro. La razón de ello es que nadie puede fundar su fe para su sanidad personal en la sanidad de otra persona. La mejor forma de ser sano es fundar tu fe en la integridad y autoridad de la Palabra de Dios. No te he dado testimonios para que no te limites a una sola forma de recibir tu sanidad.

De acuerdo a los relatos de sanidad en la Biblia hay diferentes medios para recibir la sanidad. Yo creo que Dios ha establecido estos medios para hacer posible que todos sean sanados. Dios que es un Dios de amor y misericordia sabe que no todos estamos en el mismo nivel de fe. Lo que Dios quiere es sanarte, y Él esta dispuesto a encontrarte en el nivel de fe que tu te halles. También estos medios están disponibles para que la persona nunca ponga la fe en los medios, sino en el Dios que es el sanador.

La gracia de Dios es tan maravillosa que ha provisto estos medios para que ninguno se quede sin recibir esta manifestación de la misericordia de Dios, que es la sanidad. A través del estudio de la Palabra he hallado por lo menos siete avenidas que Dios ha preparado para que lleguemos al lugar de sanidad. En algunos casos será suficiente con un solo medio; en otros la sanidad será resultado de una combinación de ellos.

1 — Fe en la Palabra de Dios

"Hijo mío, está atento a mis palabras; inclina tu oído a mis razones. No se aparten de tus ojos; guárdalas en medio de tu corazón; porque son vida a los que la hallan, y medicina a todo su cuerpo."

Proverbios 4:20-22

"Jesús le dijo: Ve, tu hijo vive. Y el hombre creyó la Palabra que Jesús le dijo, y se fue."

Juan 4:50

Considero que este es el supremo medio de Dios para sanar a sus hijos. El sabio Salomón dijo que la Palabra es medicina al cuerpo. Como la Palabra de Dios es espíritu y es vida, tiene la capacidad de inyectar el cuerpo con la vida de Dios que es lo que puede contrarrestar la enfermedad. La Palabra es la medicina de Dios para el cuerpo del creyente. La medicina tiene dos propósitos; prevenir la enfermedad y curarla. Sin tratar de ser dogmático en este asunto, yo creo que si la mayoría de los cristianos vivieran más en la Palabra y la depositaran con más frecuencia en su espíritu se podrían evitar muchas enfermedades.

Salomón aconseja que el hijo de Dios esté atento a la Palabra, o sea, que ponga la Palabra en primer lugar. Algo que he notado en mis muchos años de ministerio es que la gente busca primero todas las demás soluciones, y cuando éstas no le funcionan entonces recurren a la Palabra como última alternativa. Si pusieran la Palabra de Dios en primer lugar se podrían evitar muchas tragedias. No es muy fácil escuchar la opinión de Dios en su Palabra cuando hemos escuchado la opinión de todos los médicos y especialistas. En la mayor parte de los casos la persona trata de juzgar la Palabra de Dios por medio de la palabra que le dieron los hombres.

Debemos tomar la Palabra en lo espiritual como el paciente toma la medicina en lo natural. Cuando un médico receta la medicina establece un horario fijo para tomar la medicina. El médico espera y confía en que la persona que quiere recibir los beneficios de la medicina la tome a las horas exactas que él ordenó. Muy pocas personas discuten la orden de su médico cuando saben que su salud y su vida están en juego.

¿Por qué entonces no hacemos lo mismo con la medicina de Dios? El médico divino ya te recetó la mejor medicina, su Palabra; pero ahora queda de tu parte tomarla cada día. Por eso el Salmo dice: *"Envió su Palabra y los sanó, y los libró de su ruina"*(Salmo 107:20). Tengamos la fe en la Palabra que creo los cielos y la tierra y seamos como el Centurión que dijo: *"Solamente dí la Palabra y mi criado sanará"* (Mateo 8:7).

2 — Imposición de Manos

"Al ponerse el sol, todos los que tenían enfermos de diversas enfermedades los traían a Él; y Él poniendo las manos sobre cada uno de ellos, los sanaba."

Lucas 4:40

"Y aconteció que el padre de Publio estaba enfermo en cama, enfermo de fiebre y de disentería; y entró Pablo a

verle, y después de haber orado, le impuso las manos, y le sanó."

Hechos 28:8

Este es el medio más conocido para recibir sanidad porque es el medio que Jesús autorizó a sus discípulos en Marcos 16:18, *sobre los enfermos pondrán las manos, y sanarán.* Esta es una de las señales que deben acompañar la predicación del evangelio. De acuerdo a esta escritura todo creyente que cree en Jesucristo puede imponer las manos sobre los enfermos para que sean sanados. No se requiere que la persona tenga algún don especial de sanidad para hacer esto. En sí la imposición de manos no fue dada tanto para la iglesia sino para los no creyentes. El propósito es que cuando uno que cree pone las manos sobre un enfermo no salvo, éste venga al arrepentimiento como consecuencia de su sanidad.

No negamos que podemos imponer las manos sobre los creyentes para sanidad, pero este no fue el propósito original. Lo ideal sería que el creyente fuera sano por la fe en la Palabra de Dios sin intervención de otra persona. Pero no todo el mundo está en este nivel de fe. Jesús usó este método para sanar las multitudes. El verso que mencionamos arriba dice que le impuso manos a todos y fueron sanados.

Dos elementos son importantes para que la imposición de manos funcione. El que impone las manos debe creer la Palabra y debe estar lleno del Espíritu Santo, para que sea un canal de sanidad. El que necesita la sanidad debe creer que recibirá la sanidad cuando le impongan las manos. Algo que debes tener en consideración es que no importa el medio que sea, la fe siempre es un requisito para recibir la sanidad, porque *sin fe es imposible agradar a Dios.*

3 — La Unción de Sanidad

"Y toda la gente procuraba tocarle, porque poder salía de Él y sanaba a todos."
Lucas 6:19

Este medio está muy relacionado con el anterior, aunque es distinto en su manifestación. Aunque sabemos que toda sanidad viene por el poder de Dios, hay una unción especial de sanidad, que se manifiesta en determinados momentos para revelar la misericordia de Dios sanando los enfermos.

Pedro dijo en casa de Cornelio como Dios había ungido al Señor Jesús con esta unción que destruye las obras del diablo (Hechos 10:38). Hay una unción de sanidad que se manifiesta en momentos específicos. En la mayoría de los casos la persona está consciente que hay una unción fuera de lo común para sanar los enfermos.

Esto es diferente a los dones de sanidades o a la imposición de manos de cualquier creyente. En estos dos medios la persona que ministra al enfermo no tiene que estar consciente de esta unción especial. En el caso de la unción de sanidad se percibe que hay un poder diferente en la persona para traer sanidad a otros.

Un ejemplo de esto, es cuando Jesús supo que de su cuerpo salió poder para sanar a la mujer con el flujo de sangre. En otra ocasión Jesús estuvo consciente de esta unción en Lucas 4:18; pero los asistentes no se aprovecharon de la misma para ser sanados. Por lo contrario, se ofendieron cuando Jesús dijo que el Espíritu del Señor estaba sobre Él para sanar.

Las multitudes que seguían a Jesús sabían que Jesús operaba en esta unción. Eso causaba que ellos no esperaran que Jesús les pusiera manos; ellos mismos se acercaban a Él y le hacían una demanda al poder que salía de Él. Sin temor a ser repetitivo, vuelvo a decir que aun en este caso tiene que haber fe de parte de la persona que está enferma para recibir la sanidad. Jesús no le dijo a la mujer del flujo de sangre: "Mi poder te ha sanado; sino, tu fe te ha sanado".

Es evidente que esta unción puede estar presente, y aún así la gente no recibir sanidad. Lucas nos dice de una vez que *Jesús estaba enseñando y el poder del Señor estaba con el para sanar* (Lucas 5:17). En ese día ninguno de los que estaban escuchando la Palabra fue sano. El único que recibió esta unción de sanidad fue un paralítico que permitió que lo subieran por el techo de la casa para llegar a Jesús.

He estado conduciendo reuniones especiales de sanidad, y en muchas veces he sentido la unción de sanidad sobre mí. He descubierto que en esos momentos es más fácil sanar los enfermos que en otros. Por eso le dijo a los asistentes: "Si quieren ser sanos, no esperen a que se termine la reunión, el mejor momento para recibir el milagro es ahora que está el poder de Dios sobre mí." Es cierto que siempre puedo orar en fe, pero es más efectivo cuando la fe se mezcla con la unción de sanidad. En el Nombre de Jesús recibe ahora mismo tu sanidad.

4 — Por los Dones de Sanidades

"A otro, fe por el mismo Espíritu; y a otro, dones de sanidades por el mismo Espíritu."

1 Corintios 12:9

El Espíritu Santo fue enviado a la Iglesia con el propósito de edificar a los creyentes. El Espíritu reparte dones que son los instrumentos para ayudar a la iglesia en su misión aquí en la tierra. 1 Corintios enumera 12 gracias o dones que están disponibles para ser ejercidos por los creyentes que son bautizados en el Espíritu Santo.

Lo que el Espíritu Santo quiere hacer hoy en día es duplicar en los creyentes la vida y el poder de Jesús. En otras palabras, que es el Espíritu Santo quien habilita a los creyentes para hacer las obras de Dios. La Biblia dice que Jesús vino a este mundo para destruir las obras del diablo. Jesús fue lleno del poder del Espíritu Santo para cumplir ese propósito. Por esta razón es que no encontramos ninguna prueba de que Jesús hiciera algún milagro antes del bautismo en el Jordán,

Uno de las gracias del Espíritu se conoce como "dones de sanidades". El Espíritu reparte estos dones a personas que desean la manifestación de los mismos para edificación de la iglesia. La Biblia habla de dones de sanidad en el plural. Hay diferentes interpretaciones de lo que puede significar esta expresión. La más acertada es que los dones de sanidad vienen a diferentes personas en diferentes formas.

Es posible que en una persona opere el don de sanidad para sanar un tipo de enfermedades y en otra para sanar otro tipo de enfermedades. Todos sabemos de evangelistas en quienes hay una gracia especial para sanar los ciegos. Otros tienen una gracia especial para levantar los paralíticos. Aunque no entiendo del todo porqué esto opera así, quiero darte mi opinión personal. Quizás Dios no quiere que una sola persona manifieste todos los dones de sanidad, para evitar el orgullo y la vanagloria.

Parece que hay un ministerio en el cual operan los dones de sanidad con más frecuencia y poder que en los creyentes regulares. Me refiero a la categoría de ministerio que Pablo mencionó en 1 Corintios 12:28, los que sanan. Es evidente que en el ministerio del verdadero evangelista operan con mucha frecuencia los dones de sanidad. Un ejemplo de esto era Felipe en Samaria (Hechos 8:6,7).

Esto no indica que este don está limitado al evangelista. Todo cristiano lleno del Espíritu Santo puede ser un canal para traer sanidad a otros por medio de los dones de sanidad del Espíritu.

5 — La Oración de Fe de los Ancianos

"¿Está alguno enfermo entre vosotros? Llame a los ancianos de la iglesia, y oren por él, ungiéndole con aceite en el nombre del Señor. Y la oración fe salvará al enfermo, y el Señor lo levantará; y si hubiere cometido pecados le será perdonados."

Santiago 5:14,15

Los ancianos son los líderes espirituales que junto con el pastor principal velan por la salud espiritual y física de los miembros de la iglesia. Nunca fue la intención del Espíritu Santo que los ancianos se convirtieran en instrumentos de control para fiscalizar la operación del ministerio y la visión del pastor. Los ancianos deben ser personas llenas del Espíritu Santo, de buen testimonio, y que conozcan el misterio de la fe. Se requiere también que sean aptos para enseñar la Palabra. Deben ser hombres de fe, si es que van a ser usados por Dios para orar por los enfermos.

De acuerdo a esta escritura se espera que los ancianos sepan orar la oración de fe que sana al enfermo. Por eso Santiago dijo que si hay algún enfermo en la iglesia, debe llamar a los ancianos de la iglesia para que oren por él ungiéndole con aceite. Esto implica que es el enfermo quien toma la iniciativa de llamar al anciano para que ore por él.

Esto es muy diferente a los que sucede hoy en la mayoría de las iglesias, que son los pastores los que tienen que llamar a los enfermos para orar por ellos. La razón por la cual el enfermo debe llamar a los ancianos, es porque en esta forma él demuestra que tiene fe en el ministerio de estos hombres para ayudarle en su necesidad.

Yo creo que la iglesia debe tomar más en serio la responsabilidad de sus ancianos para ministrar sanidad a los enfermos. Posiblemente eso evitaría que tantos creyentes siempre anden de aquí para allá buscando una campaña de sanidad divina. Los cristianos no deben estar buscando sanidad en la campaña evangelística. Ese es el lugar para que los pecadores sean salvos, sean libres y sean sanos de sus dolencias.

La razón principal por la cual los creyentes han tenido que recorrer a las campañas evangelísticas para ser sanos; es que en muchas iglesias no se cree en la sanidad, en otras no se practica orar por los enfermos, y en otras los ancianos están envueltos en tanta política eclesiástica que no tienen ni fe ni poder para orar por los enfermos.

Yo soy de la opinión que la Biblia nunca miente. Si la Biblia dice que la oración de fe de los ancianos sanará al enfermo, entonces debemos esperar que se sanen. ¿Por qué entonces no sanan? La Biblia dice que es la oración de fe, no la oración de incredulidad. Nunca los enfermos van a sanar si el que ora por ellos usa la expresión "Si es tu voluntad".

Esta frase ha matado más enfermos que el mismo diablo. La oración de esta frase indica que el anciano no sabe cuál es la voluntad de Dios acerca de la sanidad de los enfermos. Esta frase de incredulidad hace dos males; impide que el anciano ore en fe por el enfermo, y hace que el enfermo pierda su propia fe para ser sanado.

La oración de los ancianos, no solo trata con la enfermedad física del individuo enfermo. La Biblia asegura que también el enfermo recibirá perdón por los pecados que haya cometido. Esto nos indica claramente que los ancianos deben ser gente entendida en las cosas de Dios, para que sepan cuando una persona está enferma por causa de pecados que ha cometido.

Los ancianos no deben ser diplomáticos en estas situaciones; deben enfrentar al enfermo con la realidad. Los ancianos deben declarar el perdón de Dios sobre el enfermo, pero también deben advertirle al enfermo lo que Jesús le advirtió al enfermo del estanque de Betesda: *"Mira has sido sanado; no peques más, para que no te venga una cosa peor"*(Juan 5:14).

6 — Tomando la Santa Cena

"La copa de bendición que bendecimos, ¿no es la comunión de la sangre de Cristo? El pan que partimos, ¿no es la comunión del cuerpo de Cristo?"

1 Corintios 10:16

"Quien llevó Él mismo nuestros pecados en su cuerpo sobre el madero, para que nosotros, estando muertos a

los pecados, vivamos a la justicia; y por cuya herida fuisteis sanados."

1 Pedro 2:24

La celebración de esta ordenanza en cada iglesia debería ser un momento para que los enfermos sean sanados. Fue durante el primer servicio de Santa Cena que toda una nación fue liberada y sanada en el Viejo Pacto. Me estoy refiriendo a la noche que los hijos de Israel comieron la Pascua antes de salir de Egipto. Esa noche todos los enfermos fueron sanados para empezar su travesía hacia su libertad.

La Pascua es un tipo de la Santa Cena. Aquella noche la sangre del cordero pascual en los dinteles de las puertas los liberó del destructor. A la misma vez la carne del cordero que comieron los sanó de todas sus dolencias y enfermedades. Por eso el Salmo asegura: *"Los sacó con plata y oro, y no hubo en sus tribus enfermo"* (Salmos 105:37).

La Santa Cena se ha convertido en un mero ritual, donde los participantes recuerdan la muerte de Jesús. Recordar la muerte de Jesús no es tener una cara de tristeza mientras tomamos el pan y la copa. Durante este sagrado momento cuando participamos del cuerpo y la sangre de Cristo, podemos recibir todos los beneficios de la sangre de Cristo. Si los hijos de Israel fueron liberados y sanados durante una pascua simbólica, nosotros podemos ser sanados durante la verdadera pascua

Bajo la inspiración del Espíritu Santo, Pablo nos dio la revelación que el pan que comemos es la comunión con el cuerpo de Cristo. Esto significa que al tomar el pan en la Santa Cena somos participantes de la vida que hay en el cuerpo resucitado de Cristo. Cada vez que te acerques a la mesa del Señor ve con fe de que por las heridas en el cuerpo de Jesús tú fuiste sanado. Visualiza ese pedazo de pan partido como si fuera el cuerpo de Cristo quebrantado por tus enfermedades. Cree que por fe el pan es el cuerpo de Cristo y recibe tu sanidad a la misma vez que recibes el pan en tu estomago.

7 — La Soberanía de Dios

"Dicho esto escupió en tierra, e hizo lodo con la saliva, y untó con el lodo los ojos del ciego, y le dijo: Ve a lavarte en el estanque de Siloé (que traducido es, Enviado). Fue entonces, y se lavo, regresó viendo."

Juan 9:6,7

En ocasiones Dios escoge sanar soberanamente a una persona independientemente del deseo o la fe de ella. Puede ser porque Dios quiere atraer esa persona hacia Él, o quiere manifestar su gloria con un propósito determinado. No negamos que Dios puede sanar a quien Él quiera y cuando Él quiera, pero tenemos que saber que éste no es su medio preferido. No cometamos el error de usar estas sanidades soberanas de Dios para establecer una doctrina de sanidad. En la mayoría de los casos y medios Dios siempre requiere fe de parte del enfermo. Esto fue lo normal aun en el ministerio de sanidad de Jesús.

En muy pocos casos Jesús sanó a alguien que no estaba buscando la sanidad o que no tenía fe para ser sanado. Uno de estos casos fue el ciego del capítulo 9 de Juan. Un día Jesús pasó con sus discípulos cerca de este hombre ciego. Los discípulos le hicieron la pregunta a Jesús acerca de la razón por qué este hombre había nacido ciego. Los discípulos que entendían muy bien la relación entre pecado y enfermedad preguntaron que si él estaba ciego por su pecado o por el pecado de sus padres. Jesús les contestó: *"No es que pecó éste, ni sus padres, sino para que las obras de Dios se manifiesten en él"* (Juan 9:3).

En este caso particular este hombre nació ciego para que las obras de Dios se manifestaran en él. Que nadie tome esta escritura para decir que Dios enferma gente para su gloria. El mensaje que Jesús nos da es que por alguna razón genética este hombre había nacido ciego, (no tenia que ver nada con pecado) y ahora Jesús iba a manifestar las obras de Dios en él.

¿Por qué en vez de estar usando este verso como una excusa para estar enfermo, no le prestamos atención a la declaración que hizo Jesús, que la sanidad es una de las obras de Dios?

En este incidente Jesús quiso manifestar que Él había venido a la tierra para destruir las obras del diablo y para manifestar las obras de Dios. La lección que Jesús le dio a sus discípulos, es que mientras ellos estaban más interesados en el debate teológico de la razón para la enfermedad, Jesús estaba más interesado en manifestar la voluntad de Dios que es la sanidad. Por eso Jesús dijo: *"Me es necesario hacer las obras del que me envió"* (Juan 9:4). Inmediatamente Jesús escupió e hizo lodo en tierra, untó los ojos del ciego y lo mandó a lavarse en el estanque de Siloé.

Este es un caso claro de la manifestación de la sanidad de Dios en forma soberana, pero no podemos perder de vista que aun cuando Dios sana por medio de su soberanía, en algunos casos se requiere también la fe del necesitado. En el otro caso de sanidad soberana en el estanque de Betesda Jesús le preguntó al enfermo si quería ser sanado. (El deseo es el principio de la fe.) El ciego que estamos considerando en esta sección de este libro tuvo que tener fe para creer que si él iba y se lavaba en el estanque seria sanado.

Mi querido hermano y amigo. Por la gracia de Dios he terminado este libro después de casi tres años de trabajo. Por las misericordias de Dios te ruego que no uses el contenido del mismo para debatir el tema de la sanidad. Léelo una y otra vez, y medita en las gloriosas y poderosas promesas de sanidad divina que por la unción del Espíritu Santo he estampado en estas páginas. Y no digas como han dicho otros, que esta palabra es muy difícil. Solamente te he dado la Palabra de Dios, la cual tiene el poder para manifestar en tu vida todo aquello que Dios ha prometido.

"Porque este mandamiento que yo te ordeno no es demasiado difícil para ti ni está lejos."

"Porque muy cerca de ti está la Palabra en tu boca y en tu corazón para la cumplas."

"Mira yo he puesto delante de ti hoy la vida y el bien, la muerte y el mal."

Deuteronomio 30:11,14,15

Ahora mismo, sé sano en el nombre del Señor Jesús. Recibe tu milagro. Amén

Apéndice 1

CONFESIÓN DIARIA PARA SER SANO Y MANTENER MI SANIDAD

Yo soy nueva criatura en Cristo Jesús y por medio de la sangre de Cristo todos mis pecados son perdonados. Desde el día que nací de nuevo fui trasladado del reino de las tinieblas al Reino del Amado Hijo de Dios. Por lo tanto, soy libre del poder de las tinieblas y Satanás no tiene ningún derecho legal de poner enfermedad, dolor y dolencia en mi cuerpo.

Mi cuerpo es propiedad absoluta del Señor Jesucristo, porque Él me redimió por medio de su glorioso sacrificio en la cruz del Calvario. Jesucristo llevó en su cuerpo toda maldición de enfermedad, y ahora yo soy heredero legal de la sanidad que Él compró para mí en la cruz. Satanás, te ordeno en el nombre de Jesús que saques tus garras de mi cuerpo. Toda enfermedad que tú quieras poner en mí ya Dios la puso en mi Señor Jesucristo, y por su llaga ya yo fui sanado.

Declaro que mi cuerpo es el templo del Espíritu Santo. Como mi espíritu, alma y cuerpo fueron comprados a precio de la sangre preciosa de Jesús, yo haga al Señor Jesús como el Señor de todo mi ser. No permito el pecado en ninguna forma en mi vida, porque yo sé que el pecado siempre le abre puerta a la enfermedad. El pecado no se enseñorea más de mí porque vivo en el poder de la nueva creación, que es Cristo en mí la esperanza de gloria.

Cada día presento mi cuerpo en sacrificio vivo, santo y agradable a Dios. Declaro que los miembros de mi cuerpo, no son instrumentos de pecado, sino instrumentos de justicia. Creo y confieso que la vida de resurrección de Jesús se manifiesta cada día en mi cuerpo. El mismo espíritu que levantó a Cristo de los muertos, está continuamente vivificando mi cuerpo por su Espíritu que mora en mi.

En el nombre de Jesús declaro que yo soy un espíritu creado a la imagen de Dios. La misma vida de Dios fluye por mi espíritu. Ya yo no vivo de acuerdo a la carne, sino de acuerdo al espíritu. Por medio de la Palabra de Dios cada día renuevo mi mente para saber que siempre es la voluntad de Dios sanarme de todas mis dolencias y enfermedades.

Para evitar que Satanás halle lugar en mí, yo camino en amor y perdón. Por la gracia de Dios ninguna palabra que tenga que ver con enfermedad, dolencia o muerte sale de mi boca. Mi boca es un árbol de vida, y uso mi lengua para confesar que viviré en salud, fortaleza y vida abundante para hacer la voluntad de Dios.

Ahora cuerpo yo te hablo en el nombre de Jesús. "Te ordeno que te sometas a mi espíritu, al poder de la vida de Cristo en mí, y a la autoridad de la Palabra de Dios. Declaro que Jehová Dios es mi Sanador y por la llaga de Jesús yo fui sanado. Toda enfermedad, todo virus, todo germen, y toda bacteria que venga contra mi cuerpo, muere al instante por la ley del Espíritu de vida en Cristo Jesús."

Prometo no abusar mi cuerpo con la glotonería y la embriaguez, porque mi cuerpo es del Señor y el Señor es para el cuerpo. Con la ayuda del Espíritu Santo cumpliré mis días aquí en la tierra y viviré una vida santa, fuerte, excitante, y larga. Con larga vida Dios me sacia y me muestra cada día su salvación. Mayor es el que está en mí que el que está en el mundo, y ninguna arma forjada de enfermedad contra mí prosperará, porque yo soy el redimido del Señor Jehová.

Apéndice 2

ESCRITURAS SOBRE
SANIDAD DIVINA

Éxodo 15:26: Y dijo: Si oyeres atentamente la voz de Jehová tu Dios, e hicieres lo recto delante de sus ojos, y dieres oído a sus mandamientos, y guardares todos sus estatutos, ninguna enfermedad de las que envié a los egipcios te enviaré a ti; porque **Yo soy Jehová tu Sanador**.

Éxodo 23:25: Mas a Jehová vuestro Dios serviréis, y él bendecirá tu pan y tus aguas; **y yo quitaré toda enfermedad de en medio de ti**.

Deuteronomio 7:15: **Y quitará Jehová de ti toda enfermedad;** y todas las malas plagas de Egipto, que tú conoces, no las pondrá sobre ti, antes las pondrá sobre todos los que te aborrecieren.

2 Reyes 2:21,22: Y saliendo él a los manantiales de las aguas, echó dentro la sal, y dijo: Así ha dicho Jehová: **Yo sané estas aguas, y no habrá más en ellas muerte ni enfermedad.** Y fueron sanas las aguas hasta hoy, conforme a la palabra que habló Eliseo.

2 Reyes 5:3: Esta dijo a su señora: **Si rogase mi señor al profeta que está en Samaria, él lo sanaría de su lepra.**

2 Reyes 5:11: Y Naamán se fue enojado, diciendo: He aquí yo decía para mí: Saldrá él luego, y estando

en pie **invocará el nombre de Jehová su Dios, y alzará su mano y tocará el lugar, y sanará la lepra.**

2 Crónicas 6:28-30: Si hubiere hambre en la tierra, o si hubiere pestilencia, si hubiere tizoncillo o añublo, langosta o pulgón; o si los sitiaren sus enemigos en la tierra en donde moren; cualquiera plaga o enfermedad que sea; Toda oración y todo ruego que hiciere cualquier hombre, o todo tu pueblo Israel, cualquiera que conociere su llaga y su dolor en su corazón, si extendiere sus manos a esta casa. Tú oirás desde los cielos, el lugar de tu santa morada, y perdonarás, y darás a cada uno conforme a sus caminos, habiendo conocido su corazón; porque solo tú conoces el corazón de los hijos de los hombres.

2 Crónicas 7:14: Si se humillare mi pueblo, sobre el cual mi nombre es invocado, y oraren, y buscaren mi rostro, y se convirtieren de sus malos caminos; entonces yo oiré desde los cielos, y perdonaré sus pecados, **y sanaré su tierra.**

2 Crónicas 16:12,13: En el año treinta y nueve de su reinado, Asa enfermó gravemente de los pies, **y en su enfermedad no buscó a Jehová, sino a los médicos.** Y durmió Asa con sus padres, y murió en el año cuarenta y uno de su reinado.

Job 42:10: **Y quitó Jehová la aflicción de Job, cuando él hubo orado por sus amigos;** y aumentó al doble todas las cosas que habían sido de Job

Salmos 6:2: Ten misericordia de mí, oh Jehová, porque estoy enfermo; **Sáname, oh Jehová,** porque mis huesos se estremecen.

Salmos 30:2: Jehová Dios mío, **A ti clamé, y me sanaste.**

Salmos 41:3: **Jehová lo sustentará sobre el lecho del dolor;** Mullirás toda su cama en su enfermedad.

Salmos 41:4: Yo dije: Jehová, ten misericordia de mí; Sana mi alma, porque contra ti he pecado.

Salmos 77:10-12: Dije: **Enfermedad mía es esta;** Traeré, pues, a la memoria los años de la diestra del Altísimo. Me acordaré de las obras de Jah; sí haré yo memoria de tus maravillas antiguas. Meditaré en todas tus obras, y hablaré de tus hechos.

Salmos 103:3: El es quien perdona todas tus iniquidades, **El que sana todas tus dolencias;**

Salmos 105:37: Los sacó con plata y oro; **y no hubo en sus tribus enfermo.**

Salmos 107:20: **Envió su palabra, y los sanó,** y los libró de su ruina.

Salmos 147:3: **El sana a los quebrantados de corazón,** Y venda sus heridas.

Proverbios 3:7,8: No seas sabio en tu propia opinión; teme a Jehová, y apártate del mal; **Porque será medicina a tu cuerpo,** y refrigerio para tus huesos.

Proverbios 4:20-22: Hijo mío, está atento a mis palabras; inclina tu oído a mis razones. No se aparten de tus ojos; guárdalas en medio de tu corazón; porque son vida a los que las hallan, **y medicina a todo su cuerpo.**

Proverbios 18:14: **El ánimo del hombre soportará su enfermedad;** Mas ¿quién soportará al ánimo angustiado?

Isaías 53:4: Ciertamente **llevó él nuestras enfermedades,** y sufrió nuestros dolores; y nosotros le tuvimos por azotado, por herido de Dios y abatido.

Isaías 53:5: Mas El herido fue por nuestras rebeliones, molido por nuestros pecados; el castigo de nuestra paz fue sobre El, **y por su llaga fuimos nosotros curados.**

Isaías 57:18: He visto sus caminos; pero le sanaré, y le pastorearé, y le daré consuelo a él y a sus enlutados;

Isaías 57:19 Produciré fruto de labios: Paz, paz al que está lejos y al cercano, dijo Jehová; **y lo sanaré.**

Jeremías 3:22: **Convertíos, hijos rebeldes, y sanaré vuestras rebeliones.** He aquí nosotros venimos a ti, porque tú eres Jehová nuestro Dios.

Jeremías 17:14: **Sáname, oh Jehová, y seré sano;** sálvame, y seré salvo; porque tú eres mi alabanza.

Jeremías 30:17: **Mas yo haré venir sanidad para ti,** y sanaré tus heridas, dice Jehová; porque desechada te llamaron, diciendo: Esta es Sion, de la que nadie se acuerda.

Óseas 14:4: **Yo sanaré su rebelión,** los amaré de pura gracia; porque mi ira se apartó de ellos.

San Mateo 4:23,24: Y recorrió Jesús toda Galilea, enseñando en las sinagogas de ellos, y predicando el evangelio del reino, **y sanando toda enfermedad y toda dolencia en el pueblo.** Y se difundió su fama por toda Siria; y le trajeron todos los que tenían dolencias, los afligidos por diversas enfermedades y tormentos, los endemoniados, lunáticos y paralíticos; *y los sanó.*

San Mateo 8:2,3: Y aquí vino un leproso y se postró ante El, diciendo: Señor, si quieres, puedes limpiarme. **Jesús extendió la mano y le tocó, diciendo: Quiero sé limpio. Y al instante su lepra desapareció.**

San Mateo 8:5-7: Entrando Jesús en Capernaum, vino a El un Centurión, rogándole, y diciendo: Señor, mi criando está postrado en casa, paralítico, gravemente atormentado. Jesús le dijo: Yo iré y le sanaré.

San Mateo 8:8: Respondió el centurión y dijo: Señor, no soy digno de que entres bajo mi techo; **solamente dí la palabra, y mi criado sanará.**

San Mateo 8:13: Entonces Jesús dijo al centurión: **Ve, y como creíste, te sea hecho.** Y su criado fue sanado en aquella misma hora.

San Mateo 8:14,15: Vino Jesús a casa de Pedro, y vio a la suegra de éste postrada en cama, con fiebre. **Y tocó su mano, y la fiebre la dejó;** y ella se levantó, y les servía.

San Mateo 8:16,17: Y cuando llegó la noche, trajeron a El muchos endemoniados; y con la palabra echó fuera a los demonios, y sanó a todos los enfermos; para que se cumpliese lo dicho por el profeta Isaías, cuando dijo: **El mismo tomó nuestras enfermedades, y llevó nuestras dolencias.**

San Mateo 9:35: Recorría Jesús todas las ciudades y aldeas, enseñando en las sinagogas de ellos, y predicando el evangelio del reino, **y sanando toda enfermedad y toda dolencia en el pueblo.**

San Mateo 10:1: Entonces llamando a sus doce discípulos, les dio autoridad sobre los espíritus inmundos, para que los echasen fuera, **y para sanar toda enfermedad y toda dolencia.**

San Mateo 10:7,8: Y yendo predicad, diciendo: El Reino de los cielos se ha acercado. **Sanad enfermos, limpiad leprosos, resucitad muertos, echad fuera demonios; de gracia recibisteis, dad de gracia.**

San Mateo 12:10: Y he aquí había allí uno que tenía seca una mano; y preguntaron a Jesús, para poder acusarle: ¿Es lícito sanar en el día de reposo?

San Mateo 12:13: Entonces dijo a aquel hombre: Extiende tu mano. Y él la extendió, **y le fue restaurada sana como la otra.**

San Mateo 15:28: Entonces respondiendo Jesús, dijo: **Oh mujer, grande es tu fe; hágase contigo como quieres.** Y su hija fue sanada desde aquella hora.

San Mateo 15:30,31: Y se le acercó mucha gente que traía consigo a cojos, ciegos, mudos, mancos, y otros muchos enfermos; y los pusieron a los pies de Jesús, **y los sanó de manera que la multitud se maravillaba**, viendo a los mudos hablar, a los mancos sanados, a los cojos andar, y a los ciegos ver; y glorificaban al Dios de Israel.

San Marcos 3:10: Porque había sanado a muchos; de manera que por tocarle, **cuantos tenían plagas caían sobre él.**

San Marcos 3:14,15: Y estableció a doce, para que estuviesen con El, y para enviarlos a predicar, **y que tuviesen autoridad para sanar enfermedades** y para echar fuera demonios:

San Marcos 5:25-29: Pero una mujer que desde hacía doce años padecía de flujo de sangre, Y había sufrido mucho de muchos médicos, y gastado todo lo que tenía, y nada había aprovechado, antes le iba peor, cuando oyó hablar de Jesús, vino por detrás entre la multitud, y tocó su manto. Porque decía: Si tocare tan solamente su manto, seré salva. Y en seguida la fuente de su sangre se secó; y sintió en el cuerpo que estaba sana de aquel azote.

San Marcos 5:34: Y él le dijo: Hija, **tu fe te ha hecho salva; vé en paz, y queda sana de tu azote**.

San Marcos 6:12,13: Y saliendo, predicaban que los hombres se arrepintiesen. Y echaban fuera muchos demonios, **y ungían con aceite a muchos enfermos, y los sanaban.**

San Marcos 6:55,56: Y recorriendo toda la tierra de alrededor, comenzaron a traer de todas partes enfermos en lechos, a donde oían que estaba. Y dondequiera que entraba, en aldeas, ciudades, o campos, ponían en las calles a los que estaban enfermos, y le rogaban que les dejase tocar siquiera el borde de su manto; **y todos los que le tocaban quedaban sanos.**

San Marcos 16:17,18: Y estas señales seguirán a los que creen. En mi nombre echarán fuera demonios; hablarán nuevas lenguas; tomarán en las manos serpientes, y si bebieren cosa mortífera, no les hará daño; **sobre los enfermos pondrán sus manos, y sanarán.**

San Lucas 4:18: El Espíritu del Señor está sobre mí, Por cuanto me ha ungido para dar buenas nuevas a los pobres; **Me ha enviado a sanar a los quebrantados de corazón**; a pregonar libertad a los cautivos, y vista a los ciegos; a poner en libertad a los oprimidos;

San Lucas 4:40: Al ponerse el sol, todos los que tenían enfermos de diversas enfermedades los traían a él; y él, **poniendo las manos sobre cada uno de ellos, los sanaba.**

San Lucas 5:15: Pero su fama se extendía más y más; y se reunía mucha gente para oírle, y para **que les sanase de sus enfermedades.**

San Lucas 5:17: Aconteció un día, que él estaba enseñando, y estaban sentados los fariseos y doctores de la ley, los cuales habían venido de todas las aldeas de Galilea, y de Judea y Jerusalén; **y el poder del Señor estaba con él para sanar.**

San Lucas 6:17-19: Y descendió con ellos, y se detuvo en un lugar llano, en compañía de sus discípulos y de una gran multitud de gente de toda Judea, de Jerusalén y de la costa de Tiro y de Sidón, que había venido para oírle, y para ser sanados de sus enfermedades; y los que habían sido atormentados de espíritus inmundos eran sanados. **Y toda la gente procuraba tocarle, porque poder salía de él y sanaba a todos.**

San Lucas 7:21: En esa misma hora **sanó a muchos de enfermedades y plagas,** y de espíritus malos, y a muchos ciegos les dio la vista.

San Lucas 9:1,2: Habiendo reunido a sus doce discípulos, les dio poder y autoridad sobre todos los demonios, y para sanar enfermedades. **Y los envió a predicar el reino de Dios, y a sanar a los enfermos**.

San Lucas 9:6: Y saliendo, pasaban por todas las aldeas, anunciando el evangelio **y sanando por todas partes**.

San Lucas 9:11: Y cuando la gente lo supo, le siguió; y él les recibió, y les hablaba del reino de Dios, y sanaba a los que necesitaban ser curados.

San Lucas 10:8,9: En cualquier ciudad donde entréis, y os reciban, comed lo que os pongan delante; y **sanad a los enfermos** que en ella haya, y decidles: Se ha acercado a vosotros el reino de Dios.

San Lucas 13:11,12: Y había allí una mujer que desde hacía dieciocho años tenía espíritu de enfermedad, y andaba encorvada, y en ninguna manera se podía enderezar. Cuando Jesús la vio, la llamó y le dijo: **Mujer, eres libre de tu enfermedad.**

San Lucas 14:2-4: Y he aquí estaba delante de El un hombre hidrópico. Entonces Jesús habló a los intérpretes de la ley y a los fariseos, diciendo: ¿Es lícito sanar en el día de reposo? Mas ellos callaron. **Y Él tomándole, le sanó, y le despidió.**

San Lucas 17:15: Entonces uno de ellos (de los diez hombres leprosos), **viendo que había sido sanado, volvió, glorificando a Dios a gran voz,**

San Juan 4:46,47: Y había en Capernaum un oficial del rey cuyo hijo estaba enfermo. Este, cuando oyó que Jesús había llegado de Judea a Galilea, vino a él y le rogó que descendiese y sanase a su hijo, que estaba a punto de morir.

San Juan 4:50: Jesús le dijo: Ve, tu hijo vive. Y **el hombre creyó la Palabra que Jesús le dijo**, y se fue.

San Juan 5:4 (Juan 5:1-9): Porque un ángel descendía de tiempo en tiempo al estanque,(de Betesda) y agitaba el agua; y el que primero descendía al estanque después del movimiento del agua, quedaba sano de cualquier enfermedad que tuviese.

San Juan 5:5,6: Y había allí un hombre que hacía treinta y ocho años que estaba enfermo. Cuando Jesús lo vio acostado, y supo que llevaba mucho tiempo así, le dijo: ¿Quieres ser sano?

San Juan 5:8,9: Jesús le dijo: Levántate, toma tu lecho, y anda. **Y al instante aquel hombre fue sanado, y tomó su lecho, y anduvo.** Y era día de reposo aquel día.

San Juan 5:14: Después le halló Jesús en el templo, y le dijo: Mira, has sido sanado; **no peques más, para que no te venga alguna cosa peor.**

San Juan 11:4: Oyéndolo Jesús, dijo: **Esta enfermedad no es para muerte, sino para la gloria de Dios**, para que el Hijo de Dios sea glorificado por ella.

Hechos 3:6-8: Mas Pedro dijo(al cojo): No tengo oro ni plata, pero lo que tengo te doy; **en el nombre de Jesucristo de Nazaret, levántate y anda**. Y tomándole por la mano derecha le levantó; y al momento se le afirmaron los pies y los tobillos; y saltando, se puso en pie y anduvo; y entró con ellos en el templo, andando, y saltando, y alabando a Dios.

Hechos 5:15,16: Y sacaban a los enfermos a las calles, y los ponían en camas y lechos, para que al pasar Pedro, a lo menos su sombra cayese sobre alguno de ellos. Y aun de las ciudades vecinas muchos venían a Jerusalén, trayendo enfermos y atormentados de espíritus inmundos; **y todos eran sanados.**

Hechos 8:6,7: Y la gente, unánime, escuchaba atentamente las cosas que decía Felipe, oyendo y viendo las señales que hacía. Porque de muchos que tenían espíritus inmundos, salían éstos dando grandes voces; **y muchos paralíticos y cojos eran sanados;**

Hechos 9:33,34: Y Pedro halló allí a uno que se llamaba Eneas, que hacía ocho años que estaba en cama, pues era paralítico. Y le dijo Pedro: Eneas, **Jesucristo te sana;** levántate, y haz tu cama. Y en seguida se levantó.

Hechos 10:38: Cómo Dios ungió con el Espíritu Santo y con poder a Jesús de Nazaret, y cómo éste anduvo haciendo bienes **y sanando a todos los oprimidos por el diablo,** porque Dios estaba con él.

Hechos 14:8-10: Y cierto hombre de Listra estaba sentado imposibilitado de los pies, cojo de nacimiento, que jamás había andado. Este oyó hablar a Pablo, el cual, fijando en él sus ojos, y **viendo que tenía fe para ser sanado,** dijo a gran voz: Levántate derecho sobre tus pies. Y él saltó y anduvo.

Hechos 19:11,12: Y hacía Dios milagros extraordinarios por mano de Pablo, de tal manera que aun **se llevaban a los enfermos los paños o delantales de su cuerpo, y las enfermedades se iban de ellos,** y los espíritus malos salían.

Hechos 28:8,9: Y aconteció que el padre de Publio estaba en cama, enfermo de fiebre y de disentería; y entró Pablo a verle, **y después de haber orado, le impuso las manos, y le sanó.** Hecho esto, también los otros que en la isla tenían enfermedades, venían, y eran sanados;

Romanos 8:11: Y si el Espíritu de Aquel que levantó de los muertos a Jesús mora en vosotros, el que levantó de los muertos a Cristo Jesús **vivificará también vuestros cuerpos mortales por su Espíritu que mora en vosotros.**

1 Corintios 12:28: Y a unos puso Dios en la iglesia, primeramente apóstoles, luego profetas, lo tercero maestros, luego los que hacen milagros**, después los que sanan**, los que ayudan, los que administran, los que tienen don de lenguas.

Hebreos 12:12-15: Por lo cual levantad las manos caídas y las rodillas paralizadas; y haced sendas derechas para vuestros pies, **para que lo cojo no se salga del camino, sino que sea sanado**. Seguid la paz con todos, y la santidad, sin la cual nadie verá al Señor. Mirad bien, no sea que alguno deje de alcanzar la gracia de Dios; que brotando alguna raíz de amargura, os estorbe, y por ella muchos sean contaminados.

Santiago 5:14-16: ¿Está alguno enfermo entre vosotros? Llame a los ancianos de la iglesia, y oren por él, ungiéndole con aceite en el nombre del Señor Jesús. Y **la oración de fe salvará al enfermo**, y el Señor lo levantará; y si hubiere cometido pecados le serán perdonados. Confesaos vuestras ofensas unos a otros, y orad unos por otros, para que seáis sanados. La oración eficaz del justo puede mucho.

1 Pedro 2:24: Quien llevó él mismo nuestros pecados en su cuerpo sobre el madero, para que nosotros, estando muertos a los pecados, vivamos a la justicia; y **por cuya herida fuisteis sanados**.

Apocalipsis 22:2: En medio de la calle de la ciudad, y a uno y otro lado del río, estaba el árbol de la vida, que produce doce frutos, dando cada mes su fruto; y las hojas del árbol eran para la **sanidad de las naciones.**

Otros Libros por el Autor

Para una lista completa de libros y cassettes por el
Pastor Nahum Rosario
o para invitaciones para ministrar la palabra,
favor de escribir o llamar:

Centro Christiano de Avivamiento Maranatha
4301 W. Diversey Avenue
Chicago, IL 60639
(773) 384-7717
www.maranathachicago.com